Philipp Ludwig Weitershausen

Über die mineralischen Gesundbrunnen zu Steben und Langenau

Philipp Ludwig Weitershausen

Über die mineralischen Gesundbrunnen zu Steben und Langenau

ISBN/EAN: 9783743610828

Hergestellt in Europa, USA, Kanada, Australien, Japan

Cover: Foto ©ninafisch / pixelio.de

Philipp Ludwig Weitershausen

Über die mineralischen Gesundbrunnen zu Steben und Langenau

Uiber
die mineralischen

Gesundbrunnen

zu
Steben und Langenau,
in dem
Marggrafthum Brandenburg
Baireuth
herausgegeben
von
P. L. v. W.
D. B. R. A. O. G. C. G. R. u. L. H. z. H.

Leipzig und Hof, 1787.

A Monſieur

LE BARON SPIEGEL

de PICKELSHEIM,

Monfieur,

Connoisfant Monfieur mon exactitude, Vous aurês été etonné de n'avoir pas eu de reponfe a Votre lettre du XI de ce mois, ou Vous me dites: „j'ose vous „prier au nom du public, de vouloir pen- „fer a des mojens propres, à donner quel- „que celebrité aux eaux de Steben, qui „furement ne font pas indifferents, com- „me j'en ai fait moi meme quelque favo- „rable experience" A prefent je Vous dedommagerai de mon filence.

Ces eaux ont affés de celebrité et j'en ai vû des effets admirables que je pour- rois proner, fi j'etois un des gradués de la faculté, ou enfant d' Esculape, mais me bornant a etre vrai et vtile, j'ai raffemblé

tout

tout ce que j'ai pû, pour prouver ce que j'ai voulu prouver — la falubrité de ces eaux.

L'analife du D. Doppelmayr a été faite par mon ordre, a mes inftances et presque fous mes yeux ; mais comme on ne fait *rien* de *rien,* il ne me reftoit plus *rien* a dire.

Reçevés donc Monfieur ce petit traité, comme un temoignage de mon amitié, et de l'interet que je prens a Votre fanté, Vous priant d'etre perfuadé du parfait attachement avec lequel je fuis
Monfieur
Votre tréshumble et trés obeiffant
Serviteur

a Hof ce 28 de Sept.
1787.
P. L. B. de W.

Vorbericht.

Man wird sich vielleicht verwundern, meinen Namen vor einer Abhandlung zu finden, die so wenig in mein Fach schlägt. Der Himmel würde mich auch wahrscheinlicher Weise für die Versuchung bewahret haben, einen in die Medicin schlagenden Tractat zu schreiben oder vielmehr herauszugeben, wenn der Stebner Sauerbrunnen nicht in einem mir anvertrauten Districte läge, wenn ich nicht von den Heilkräften dieses Wassers vollkommen überzeugt wäre, wenn ich es nicht für Pflicht hielte, auf ein mineralisches Wasser aufmerksam zu machen, dessen Vortreflichkeit durch wie-

der-

derholte Proben außer allem Zweifel gesezet ist; wenn nicht hier am Tage läge, was man sonst mit Mühe, Arbeit und großen Kosten Aufwand suchet; kurz! wenn ich nicht alles — für mein Fach glaubte, was mit dem Wohl des Landes in Verbindung stehet.

Nach Durchlesung dieser wenigen Bögen, wird man mich schwerlich einer Parteilichkeit — für die Stebner und Langenauer Wasser, beschuldigen. Ich bin weder Arzt noch Wundarzt, persönlich weder bei der Aufnahme, noch bei dem Verfall dieses Gesundbrunnens interesiret; ich bin fast überzeugt, daß der Nuzzen von dem Gebrauch — aller Bäder, in der Zerstreuung, in der Entfernung von allen Amts und häuß-

li-

lichen Geschäften und in der Diät bestehet.
Ich bin ein Feind von allen Charlatanerien und
hasse alle Marktschreierei; ich habe aus diesem
Grunde alle Kranken — und Kranckheitsge-
schichten weggelassen, weil am Ende der ver-
nünftige Leser immer auf den Gedanken kommt:
wer weis ob's wahr ist?

Auszüge aber aus Beobachtungen, Zer-
gliederungen, Auflösungen, Untersuchungen,
werden dem nahen und dem entfernten Arzte
nützlich und nöthig seyn; dem erstern, um nicht
100 Meilen weit zu suchen, was er in der
Nähe hat, dem leztern um seinem Patienten
nicht vergeblich eine kostbare Reise unterneh-
men zulassen; denn freilich ist bisher unsere Ge-
sundbrunnenanstalt so, daß sich schwerlich ie-
mand entschliesen mögte, solche — zu seinem

Ver-

Vergnügen zu besuchen. Denn wer gerne tanzt, wird lieber nach Lauchstädt, wer gerne schmauset, lieber nach dem Carlsbade, und der Spieler, lieber nach Spaa gehen.

Viel sistematisches wird man hier nicht suchen, noch weniger finden; mit dem Griechischen bin ich gar nicht — mit dem Lateinischen sehr wenig bekannt. — Ich will nichts — als nützlich seyn, und auf ein mineralisches Wasser aufmerksam machen, welches bißher fast ganz vernachläßiget worden. Erreiche ich meinen Zwek, so bin ich — über meine Erwartung belohnt.

Uiber

die mineralischen Wasser

zu

Steben und in der Langenau.

Wenn Bäder durch glückliche und günstige Umstände berühmt oder berüchtiget werden und sich einige Zeit im Ruff erhalten, so ist es kein Wunder.

Aachen, Lauchstädt, Carlsbaad, die rheinischen Bäder, Spaa, und andere mehr, haben den häufigen Besuch und ihren Flor, der Größe der Stadt; der Nähe anderer Städte, dem zahlreichen Adel, dem Stolz grosser und reicher Familien, erlaubten und unerlaubten Lustbarkeiten, zahlreichen Gesellschaften, zum Theil Spieler und Zauner

A

ner Clubbs, zu danken. Sezet man hinzu, daß man fast an allen diesen Orten alle Bequemlichkeiten und Annehmlichkeiten des Lebens bey einander findet, so sind die Ursachen ihres Rufs — ohne Rukficht auf ihre mineralische Beschaffenheit und auf ihre Heilkräfte, entschieden.

Wenn aber ein Baad in einer rauhen Gegend, in einem schlechten Dorfe gelegen, von allen grossen Städten entfernet, mit sehr schlechten Wegen umgeben, ohne Bequemlichkeiten des Lebens, ia mit wenigen guten Häusern versehen, dennoch sich in den Ruf heilsamer mineralischer Wasser und Bäder gesetzet hat; so hat es — wenigstens die Vermuthung für sich, daß die Heilkräfte die man demselben zu schreibt — nicht zweideutig sind.

Hier ist die Rede

von den mineralischen Wassern zu Steben und der Langenau.

Das Dorf Steben ist in dem Marggrafthum Brandenburg Bayreuth, in der Landeshauptmannschaft Hof, in dem Amte Lichtenberg, eine kleine Stunde von diesem Städtgen und ohngefehr 4 Stunden von

Hof

Hof in einer — nach hiesiger Landesart —
ziemlichen Ebene gelegen.

Die Kirche liegt — so wie überhaupt die besten Gebäude, in Untersteben
und ist iezt mit einem sehr guten Prediger
versehen.

Der Gasthof zum goldnen Lamm, hat
im ersten Stokwerk zwei schöne Zimmer,
iedes mit einer Kammer, 2 Kammern für
Bediente, in der Mansarde eine Stube
nebst Kammer; dann Stall auf 8 bis 10
Pferde; die Zurichtung des Essens ist gut
und nicht theuer.

Des gewesenen Wildmeisters Och sehr
schönes Haus, hat unten ein geräumiges
Zimmer, im ersten Stokwerk 2 Zimmer, iedes mit einer Küche; in der schönen Mansarde sind 2 Zimmer nebst Kammern, und
noch ein kleines Stübgen; alles ist rein
und hell und man kan seine eigene Mena-
ge daselbst haben; nur schade, daß keine
Stallung da ist.

Des Schichtmeister Spörls Witt-
we Haus, hat in dem ersten Stokwerk ein
Zimmer mit einer Kammer, noch ein Zimmer

mer dann noch eine Kammer für Bediente.

Hahns Wirthshaus zum rothen Och-
sen, hat im erſten Stokwerk eine Stube
nebſt Kammer, noch eine Stube, 2 Kammern für Bediente; die Stallung iſt auf
2 Pferde.

Des Schultheiſen Sells Haus hat oben
eine Stube nebſt Kammer und noch eine
Kammer für Bediente.

Bürger und Mertels Haus, hat oben
eine Stube nebſt Kammer, noch eine Stube und noch eine Kammer für Bediente. Iſt
aber iezt bewohnt.

Der Beck Volkmann bauet iezt
oben an einer ſehr hübſchen Stube nebſt
Kammer.

Des Weber Diezels Haus, hat
oben eine ſehr hübſche Stube nebſt Kammer und noch eine Kammer für Bediente;
iſt aber jezt bewohnt.

Der Schuhmacher Kiefner hat unten eine Stube und Kammer ſehr klein, ſo
wie

der

der gewesene Müller Oehlschlegel auch eine kleine Stube mit einer Kammer hat.

Des Webers Diezels Haus ist gut eingerichtet, er kan aber wegen seines starken Gewerbes niemand einnehmen.

Wölfels Zapfenschenke hat zwar oben eine Stube nebst Kammer, ist aber ziemlich schlecht.

Die Wege sind von Hof bis Ködiz, ausser durch das Neuhöfer Hölzlein, wo sie abscheulich sind, ziemlich gut; vor, durch und hinter Ködiz sehr schlecht; die Höhe von dem Wacholderbusch herunter bis zum Markt Naila, ist nicht viel besser, und denn hat man lauter üble Wege über die Klingensporn bis Marxgrün. Von hier über Thierbach bis Steben sind die Wege ganz ausgefahren, ob sie gleich bei einiger Aufsicht, mit geringer Mühe und geringen Kosten, hergestellt und unterhalten werden könnten. Wenn überhaupt auf den Strassen von Hof bis Steben 50 Mann 6 Wochen lang aufgestellet würden; so könnten solche alle brauchbar, ia chausséemäsig gemacht werden. Der Boden ist durchaus hart, die Wasser überal leicht abzuleiten und das Materiale liegt vor platter Hand; man würde in 2½ Stunde einen Weg zurük legen kön-

können, auf dem man iezt 4 Stunden zu
bringen muß.

Brod, Fleisch, Bier und Wasser sind
gut und immer frisch, theils in dem Dorfe
selbst, theils in dem Städtlein Lichtenberg
zu haben, und mit frischem Wildbret könnte
man auch hinlänglich versehen werden, wenn
die nahe gelegenen Oberförster und Wildmei-
ster Befehl zur Lieferung erhielten. An Fischen,
besonders an Forellen, ist auch kein Mangel Die
Luft ist sehr rein. Nach Lichtenberg und Thierbach sind die Spaziergänge für die Fusgän-
ger bei schöner Witterung angenehm. Pro-
menaden und Alleen sind freilich nicht da,
alles ist Gott und der Natur — öfters der
garstigen Natur überlassen, denn selbst in dem
Dorfe; und besonders vor den Häusern tritt
man — bei naßem Wetter beständig in
Koth, oder welches noch übler ist, auf glatte
aufs ohngefehr hingeworffene Steine.

Der Weg von dem Dorfe nach dem
Sauerbrunnen, geht ohngefehr 300. Schritte
lang über eine Wiese, die bei nasser Witterung ganz ungangbar ist. Dichte am Brunnen stehet eine bretterne Hütte, die ich — für
eine Hundshütte ansah.

Ich

Ich komme nun auf daß mineralische
Wasser, Sauerbrunnen, Säuerling oder
wie man es sonst nennen mag, selbst.

Der Gesundbrunnen liegt auf einer grü-
nen Ebene, die der Gemeine zu Steben als
ein Hutplatz gehöret. Von Mitternacht und
Mittag gegen den Brunnen zu, senkt sich das
Gebürge sanft herab; die Entfernung von den
lezten Häusern des Dorfes Untersteben, beträgt ohngefehr 300 Schritte, und der Brunnen selbst strudelt aus einem hellgrünen kalck-
artigen Felsen, welcher mit einer lettigen Erde
bedecket ist; die Tieffe beträgt 3½ Schuh und
die obere Oeffnung biß am Grund, 3 quadrat Schuhe durch aus. Dieser obere Rand
ist mit einer unnöthigen Latteneinfassung umgeben; der Brunnen selbst, ist von oben
herein mit Steinen ausgesetzt und mit einem
Dache versehen.

Es ist besonders, daß keine der Amts-
beschreibungen die ich in Händen gehabt habe, — dieses Wassers Erwähnung thut. Ich
muste also andere Hülfsmittel aufsuchen.

In der Beschreibung des Fichtelbergs
die in Leipzig 1718. 4. herausgekommen, finde ich Seite 40. „Nordwerts des Fichtel-
„berges ist der Sauerbrunnen zu Steben
B „bei

„bei Lichtenberg„ und so viel wuſte ich auch.

In Großens Burg und Margräflich Brandenburgiſche Landes und Regenten Hiſtorie. Schwobach 1749. 4. ſtehet: „der „Sauerbrunnen zu Steben entſpringet et- „wan ein paar hundert Schritte vom gedach- „ten Dorfe Steben auf einer Wieſe; def- „ſen Geſchmack iſt von einer angenehmen „Säure und daher ganz lieblich zu trinken, „auch von ſo herrlicher Wirkung, daß „ihn der Schwarzburgiſche Leib Medicus D. „Andreas Mack in vielen Stücken dem Eger- „ſchen Säuerling gleich ſchäzet, in vielen „aber demſelben und andern Sauerbrunnen „vorgezogen, wie Lairiz (in oratione pa- „negyrica de fontibus ſoteriis in princi- „patu ſuperiori burggraviatus Norici) be- „zeugt. Der ehemalige gräflich Reuſiſche „Hof und Leib Medicus D. Joachim Kolb, „hat deſſen Beſchaffenheit am erſten. Na- „tur und kunſtmäſig, examinirt und darauf „denſelben ſeiner Herrſchaft und andern Per- „ſonen zu guter Geſundheit recommandiret, „worauf er auch jährlich von vielen Perſo- „nen mit Nutzen bisher gebraucht worden. „Der Hochfürſtliche Baireutiſche Rath und „Leib Medicus D. Gottfried Stein hat eine „beſondere Beſchreibung davon, unter dem

„Ti-

„Titul: Crena Stebena, bekannt gemacht.
„Darinnen er sowohl deſſen Kraft und Wür-
„kung als auch die Zufälle beſchrieben, wor-
„innen derſelbe glüklich zu gebrauchen. Nicht
„weniger hat nach der Zeit der Höfiſche Me-
„dicus D. Joh. Leonh. Hechtel dieſen Brun-
„nen durch chimiſche Proben unterſucht und
„1722 eine Beſchreibung davon druken laſſen
„unter dem Titul. Acidulæ Stebenſes in con-
„finio non pares, atque ſulphure ſolis
„volatili et ſale martis e propria minera
„Martiali, ambæ exaltæ, et cum lympha
„alibi atque ſpiritu volatili vitrioli nutricæ
„mire ſalientis. Das Tractätlein aber iſt
„teutſch abgefaſſet„.

Der Herr geheime Hofrath D. Hein-
rich Friederich Delius in Erlang, hatte auf
Erſuchen die Gütigkeit, mir einen ſchriftlichen
Aufſaz den er bei Gelegenheit der Unterſuchung der mineraliſchen Waſſer im Baireu-
ther Lande im Jahr 1773 verfertiget, mit-
zutheilen, darinnen des Stebener Sauerbrunnens gedacht wird. „Das Waſſer bei
„Steben iſt nicht ſo ſpirituös, (als das in
der Langenau) „Beſizt aber allerdings vieles
„aufgelöſtes Eiſen, ingleichen giebt die Koch-
„ſalz Säuere, zumal an erdigten Sedimen-
„ten mehr als die angezeigten Brunnen (zu
Sichersreuth und in der Langenau) aus,
„und kan ſo nach in der Schwäche der ſoli-

B 2 „den

„liden Theile, mit Nuzen gebraucht wer-
„den. Es dürften also die Anstalten da-
„bei wohl erhalten, wenigstens so viel da-
„ran gewendet werden, daß dahin kom-
„mende Gäste in dem nahen Dorfe
„einiges bequemes Unterkommen finden kön-
„ten.

Ich kenne keine andere Anstalten, als
die, die Unterthanen zur Unterkunft der Frem-
den selbst gemacht, und die ich oben be-
schrieben habe; iedoch sind ihnen dabei einige Baubegnadigungen bewilliget worden.

Von ohngefehr fielen mir die Loben-
steinerIntelligenz Blätter in die Hände. Ich
fand in dem 30ten Stük einen Aufsaz von
dem Herrn Hofrath D. J. Chr. Voigt aus
Schwarzach ohnweit Culmbach: von den
Stebener und Langenauer Brunnen bei
Lichtenberg, aus dem ich folgendes aus-
ziehe.

. . . . . „ die große Güte des Schö-
„pfers hat sich hier in einem ziemlich großen
Bezirk durch viele mineralische Quellen sehr
deutlich an den Tag gelegt, welche durch-
gehends trefliche und dem menschlichen Körper nüzliche Bestandtheile in sich halten.
Doch zeichnet sich der Säuerling zu Steben,
der sogenannte Langenauer Sauerbrunnen
vor

vor allen aus; und zwar ist iener besser zum
„baden und dieser mehr nüzlich zum trinken.

„Indessen hat doch auch die Erfahrung von undenklichen Jahren her gelehret,
daß der Stebener Säuerling nicht nur mit
Nuzen, sondern auch ohne allen Schaden
getrunken worden ist. Ich will daher nur
so viel sagen, daß in Anbetracht der feinern
und mehr ätherischen Teile, der Langenauer
zum Trinken in verschiedenen Umständen
weit mehr und bessere Würkung, als der Ste-
„bener Beziehungsweise herfürbringen könne.

„Der zum Trinken trefliche Langenauer Brunnen, kömmt etwas dem Selter —
besonders aber dem Schwalbacher am näch-
sten und hat zu seinem Grundstoffe vornehmlich einen fixen oder ätherischen und säuer-
lich vitriolischen Geist, dann ein alcalisches
Salz mit sehr subtiler Erde vereinbaret, wie
solches auch der selige Herr D. Etlinger
zu Culmbach schon im Jahr 1736 gefun-
„den hat.„

Es wird hier nicht am unrechten Orte
zu bemerken seyn, daß die Lange Au ge-
meiniglich Langenau genannt, nur 2 Stunden von Seben entfernt ist, folglich das
Baden hier mit dem Trinken ienes Wassers

B 3   sehr

sehr leichte vereinbaret werden kan. Man behauptet, daß eben dieses Langenauer Wasser häufig nach Bamberg geführet und dort als Selterwasser verkaufet würde. Ich fahre in meinem Auszuge fort.

„Der Säuerling zu Steben hat zwar nicht so viel feine ätherische Theile wie iener in der Langenau, doch aber einen flüchtigen Vitriol Geist, etwas flüchtigen Goldschwefel und viel von einem Sale martis àlcalico. Daher ist dieser in einem gewissen Grade der Wärme bei vielerlei Umständen zum Baden eben so nüzlich, als er im Anbetracht seiner eisen artigen Theile und wegen seiner ihm eigenen Kälte, wie sonst die kalten Bäder, denen Personen die beste Würkung und Stärke verschaffen werde, welche allzuviel Feuertheile in ihrem Geblüte und dadurch in den Säften eine grosse Hize und Auflösung Rarefaction, in den Blutgefäßen aber eine übernatürliche Ausdehnung, oder in den festen Theilen, eine Schwäche des Körpers überkommen haben. . . . . überhaupt haben diese zwey Brunnen die herrlichsten Bestandtheile in sich, nach welchen sie vielen antern nicht nur gleich zu achten sind, sondern auch manchem Gesundbrunnen, darauf zwar viel verwendet worden, gewiß den „Vorzug strittig machen. Nur schade, daß „ihre

„ihre guten Eigenschaften so offenbar verkannt sind, und auf ihre gehörige Unterhaltung und Reinlichkeit, des gleichen auf die Quartiere, auf schikliche Bewirthung und Bequemlichkeit für Bade und Brunnengäste, so wenig Rukficht genommen, vornehmlich aber einem Medico, welcher der Brunnencuren und ihrer nöthigen Einrichtung kundig ist, die Aufsicht und Direction nicht aufgetragen wird.

„Noch könnte ich sagen, wie ich die alte beinahe ganz verfallene Quelle die doch gleichwohl stärker und besser als die neue ist, wiederum in etwas aufgraben und daraus mit Nuzen baden lassen; und daß diese neue Trinkquelle wegen der wenig schiklichen Einrichtung durch das Schöpfen und Einfüllen so vieler Gefäse sehr ekelhaft und dem Brunnen nachtheilig ist.

„Ich will zum Schluß auf die Beschreibung und das Zeuaniß von der Güte und herrlichen Wirkung dieses Stebner Säuerlings verweisen, welche schon in dem vorigen Jahrhundert ein gräfl. Reusischer Hof und Stadt Medicus in Schlaiz Herr D. Kolb, ingleichen Herr D. Mack gewesener Schwarzburg Rudolstädtischer Leibarzt und Herr D. und Prof. Rollfink zu Jena; ferner Herr D. Stein Hochfürstl. Brandenburgl Leib - Hof - und Stadt Medicus zu

B 4   Bai-

Baireuth im Jahr 1690, und nach diesem
Herr Rath und D. Hechtel zu Hof 1722
in Schriften deutlich bewiesen und gemeldet
„haben„.

In dem 32 Stük der angeführten In-
telligenz Blätter führet Herr Hofrath D.
Voigt fort: „indeme ich die Bestandtheile
„angegeben habe, mit welchen diese zwei
Brunnen zu Steben und in der Langenau
sehr scharf geschwängert, dadurch aber den besten mineralischen Wassern zu Schwalbach,
jenen zu Schwalbheim 6 Stunden von Ha-
nau und etwas dem Selter Brunnen ähn-
lich sind, auch von iedem Wasserverständi-
gen oder Phisiker gar leicht erforschet und beobachtet werden können; so finde ich kein
Bedenken diese zwei gedachten Säuerlinge
zu andern sehr nüzlichen Gesundbrunnen mit
allem Rechte zu zälen, deren gute Eigenschaften und Heilkräfte nach einigen Urkun-
den schon über hundert Jahr bekannt und
„noch immer dauerhaft sind„.

Nachdem ich in der ganzen Landeshauptmannschaft Hof, keine von den von
Herrn Groß und Herrn Hofrath D. Voigt
angeführten Schriften habhaft werden konnte — es sey zur Ehre der Voigtländischen
Gelehrten, Natur und Litteraturkunde gesa-
get

get — so wendete ich mich an den Herrn Hofrath Voigt selbst, ohnerachtet er mir nur
von Person bekannt war. Mit der verbind-
lichsten Antwort, überschikte er mir folgende 5 Tractate. 1. Gottfrieds Stein Ste-
becrene von dem bei dem Dorfe Steben
liegenden Sauerbrunnen. Baireuth 1690.
12.

2. D. Joh. Leonh. Hechtels Acidulæ
Stebenses. Hof 1722. 8. der Tractat ist
deutsch.

3. Thumingii, steb. eccl. past. adj. ob-
servationes phisicæ de acidulis Stebensi-
bus. Curiæ 1722. 4.

4. Johann Wilhelm Kretschmann Med.
Licent. Landphisici und Burgermeisters zu Hof
Acidularum Stebensium Examen. 1736.
Fol. Handschrift deutsch.

5. D. Johann Etlinger Bericht von
Langenauer Sauer-Brunnen. Culmbach
1756. 4.

Bei dieser Gelegenheit schrieb er mir:
„ich selbst habe nicht nur vor 30 Jahren
den Stebner Brunnen zum Baden, aber nur
in manchen Umständen, mit Nuzen brauchen
und den Langenauer auch nur manchen Personen, wegen seiner starken Theile trinken
lassen; sondern beide auch im vorigen und

B 5   die-

dieses Jahr (1786, 1787) untersucht und brauchen lassen. . . . . Seit 3 Jahren habe ich fast alle Bäder und mineralische Brunnen im Hochfürstlichen Baireuthischen Landen, und die an dem Main und Rheinstrom, zu meiner bessern Belehrung, selbst besucht, auch die mehresten kenne ich nun auf das genaueste, aber ich würde, wenn ich 30 Jahr iünger wäre . . . . . . es dennoch wagen; den Langenauer und Stebner Brunnen käuflich an mich zu bringen, besonders aber bei der von mir best befundenen und renovirten Quelle, ein Badehaus darüber mit einer das Wasser in den Kessel führenden Pumpe, anbringen lassen, um dadurch die sich durch das weite tragen und offene kochen verlierende beste Kräfte mit Vorsicht aufzubehalten” . . . .

Ich benuße diesen Brief — einiger lehrreichen Anmerkungen ohngeachtet nicht weiter, und gehe zu dem Auszug der mir mitgetheilten Tractate über.

I. Aus D. Gottfried Steins Stebe crene 1690. Seite 34. „Im Voigtlande, nicht weit von Lichtenberg und Naila, liegt das Dorf Steben und etwan hundert Schritte davon . . . . . entspringt ein Brunnen, welcher saures, wohlschmakes Wasser führet. . . Aus diesem Brunnen nun entspringt ein helles

les klares Wasser, eines sehr lieblichen säuer-
lichen iedoch auch ein wenig eisenhaftigen Ge-
schmaks, bevorab, so er aus der Urquelle
getrunken wird."

„Ob nun schon vor langen Jahren dieser Brunn den Einwohnern zum täglichen
und ordinären Trank gedienet, ia auch zu
Erhaltung guter Gesundheit gebrauchet worden; so ist doch dessen Ruf, um weilen er
von keinem erfahrnen und Arzeneiverständi-
gen recht untersucht worden . . . . . nicht
viel weiter erschollen, biß der Reusische Hof
und Stadtmedicus zu Schlaiz Herr D. Kolb
desselben Inhalt, Natur — kunstmäsig probi-
ret und ausgeforschet und der Gesundheit
dienlich befunden, daher dessen Gebrauch vielen recommandirt worden, dergestalt, daß von
der Zeit an, iährlich viele Leute zugelauffen,
und des Brunnens eingerathene Nothdurft
entweder alda getrunken, oder anderwärts
hinhohlen lassen.' Hievon schreibet auch Herr
D. Leisner in seinem Bericht vom Elster Säuerlinge also: „zu Steben . . . fließen auch
Acidulae, welche ganz martialisch sind und
vor diesem von Herrn D. Joachim Kolb
zu Schlaiz in großen Brauch waren, sonderlich weil sie von ihm etwas solarisch zu seyn
geachtet wurden; ich auch selbsten solche bei
vielen, denen sie selbsten beliebet, nicht gar
ohne Nuzen gebrauchet."

„Die-

„Diesem guten Anfang verfolgte mit bef=
ferm Succeß und Nachdruk Herr D. Andreas Makius gewesener Archiater zu Ru=
dolstadt, welcher so wohl solchen sehr viele
Jahre an seinem Leibe von heilsamer Wür=
kung befunden und deſſen Gebrauch sein ho=
hes Alter zugeschrieben, als auch eine groſſe
Anzahl Patienten zu unserm Stebener Sau=
erbrunnen verschikt andern auch solchen zu
Hause zu trinken verordnet, die dann solchen
mit Ausschlag guter Gesundheit gebrauchet;
maſſen auch noch heute zu Tage noch viele
vornehme und geringe Personen sich dieses
Sauerbrunnens mit groſſem Nuzzen bedie=
nen . . . .”

„Unsers Stebner Säuerlings Kraft und
Würkung, bestehet in einem subtilen und sehr
flüchtigen rein gemachten martialischen und
nitrosen Salzgeist, welcher sich aufs genau=
este mit dem Waſſer vereiniget,und ihm
viele vortrefliche Tugenden mittheilet, ge=
stalten dann diß anmuthige Sauerwaſſer
keine stürmende oder das Geblüt und an=
dere Lebenssäfte stark bewegende Gewalt bei
sich hat. Vielmehr ist es, wie Herr D. Mak
geurtheilet hat, der menschlichen Natur durch=
aus gemäs, also daß solches nicht allein nie=
manden schädlich sey, sondern auch nähren=
de Kräfte in und an sich hat, deswegen es
„auch billig allen andern vorziehe»

„Es

„Es beweiset auch unser Säuerling ab-
sonderlich seine vortrefliche Kraft und Würkung in dem, daß solcher die Gänge vornehmlich des untern und mittlern Leibes oder die
Pfort — Hol — undGekröß — so wohlBlut —
als Milch — und Wasser führende, auch Luft
ziehende und ausstossende, groß und kleine
Adern und Aederlein, offen behalte, oder die
darinnen aus tartarischer grober Schleimig-
keit entstandene Verstopfungen auflöset und
eröfnet, die wilde und herbe Salzigkeiten in
sich schlukket, die hieraus aufdämpfenden
Blähungen niederschläget, und die also ange-
sponnene Unreinigkeiten gar gemächlich durch
den Stuhlgang, merklicher aber durch den
Harngang und Schweislöcher mit sich aus
dem Leibe führt, auch wegen seiner inhaften-
den lieblichen Eisentinctur, den Magen, die
Därmer, ia alle andere Viscera kräftig stär-
ket, das Geblüt nebst andern Lebenssäften
alterirt, reiniget und verbessert, mithin die
eingerissene und täglich mehr einreisende
Krankheiten des Scharboks und mali hypo-
chondriaci entweder verhütet oder gar cu-
riret und vertreibet.„

„Demnach so ist dieser Stebner Säuerling nützlich zu gebrauchen

„1. in allerlei meistens aber langwürigen
Fiebern. . . . . .

„2. in

„2. in dem so genannten affectu hypochondriaco und Scharbok . . . .

„3. in Magenbeschwerungen . . . . .

„4. in Nieren und Harnblasenbeschwerungen . . . .

„5. in Mutterbeschwerungen und andern weiblichen Zuständen . . . .

„6. in Lebern — Milz und Rükkenkrankheiten . . . .

„7. in Brust und Lungenbeschwerungen . .

„8. in Krankheiten des Haupts . . . .

„9. zum äuserlichen Gebrauch . . . .

„Dessen äusserlicher Gebrauch kann vermittelst äussern Waschen, Baden und Fomentiren oder Dämpfen mit gutem Nuzen angewendet werden, wider äuserliche Scharbok, Geschwulsten und Gliederschmerzen, Lähmung, Kräze, Leberflekken, Gelbsucht, Chlorosin oder Bleichsucht, weise Fieber der Weiber und Jungfern . . . . .

2. D. Hechtels Acidulæ Stebenses 1722.

Ist fast nichts als ein Auszug aus dem erst angeführten Tractat des D. Steins, ich ziehe nun also nur aus, was von dem Baden gesagt wird; siehe Seite 78.

„ Auf

„Auf daß beim Baden es nicht an In-
formation fehlen möge, so wende ich mich
nun zu deſſen Gebrauch; dann einmahl iſt
das Baden und ſtillicidium als das Tröpfeln auf die nothleidende Theile eine gute
Sache. Ehe man aber zum Bade ſchreitet,
muß man einige Tage vorher getrunken haben und das Baden hernach vornehmen. ....
abſonderlich aber muß man das Bad lau-
licht halten und nach und nach zu gieſen,
denn man wird ſonſt matt und verurſachet
wohl großen Durſt und Fieber; .....
wie und zu welcher Zeit das Baden am be-
quemſten, ſind wohl die frühe Stunden
zwiſchen 6 und 7 Uhr und Nachmittags
nach 5 Uhr. Wie lange man im Bade ſi-
zen, iſt nach den beſondern Umſtänden eines ieden einzurichten; die meiſten können
wohl eine Stunde ausdauern, dagegen iſt
es beſchwerlich, wenn man auf einmal alles
heben will und zu viel thut; manche re-
commandiren das Steigen im Trinken und
wollen die Badecur darnach einrichten, alleine hier muß man auf die Temperamente
der Patienten Achtung geben und dahin
bedacht ſeyn, daß man in einem Schlaf
ſich nicht übernehmen läßt; weil beſonders
unſer Stebener Sauerbrunnen mit einem
treflichen volatiliſchen Goldſchwefel begabet
iſt. . . . . . Hierbey iſt wohl zu mer-
ken,

„fen, daß man im Carls = Töplizer und Baadiſchen Bade in der Schweiz länger fi= zen könne, weil ihre ingredientia corpora= liſch und fir ſind, dieſe aber per modum re= actionis da die ſulphurea von einem acido ſubtili vinculiret und concentriret ſind, ſich durch ſeinen eigenen Sulphur in ſein arca= num decoquiret und alſo der Aufenthalt im Sauerbrunnenbad nicht ſo lange practi= cabel iſt, wie wir dieſes in unſerm Schu= ling wahrnehmen können und ſeinen ſulphu= „riſchen ſtarken Gebrauch am Tage legen. . . . .

„3. Thummingii obſervationes phiſicæ „etc. 1722. geben folgendes.„

„Naturam et virtutem ſuam accipiunt acidulæ Stebenſes a ſpiritu martis ac ni= tri ſubtiliſimo atque purificato, qui cum aqua initime ſe unit. Confirmat hoc experimentum conſideratio loci, vbi ſcar= turiunt. Nam ſcarturiunt ex loco metalli= fodinis propinquo. Quæ cum ferrum nobiliſſimum gignant, credo, abire inde ſpiritum quendam, qui dum venas ſub terra permeat, paulatim ſubtilior evadit, tandemque per aquam ſibi unitam aſcen= dit. Cauſam nullam aliam ſubeſſe puto, quam quod in reliquis ſpiritus nitroſi pu= rificatio ob ſpatii inter illas atque metalli= „fodinas anguſtiam, nondum ſatis peracta.

„Quo

„Quo proprius enim hae adiacent, eo minus ineſt virtus. . . . . Denique radiis ſolaribus, ſpiritus ille animatur, qui quantum virtutis conferat, cunctis qui diebus apricis acidulas has biberunt, ſatis eſt notum. Cumulatis enim et roboratis radiis ſolaribus, cummutantur inſimul ac roborantur bullullæ, quibus emergunt acidulæ. . . . . Sine dubio autem ſpiritus nitroſus aquæ ſibi unitæ virtutem largitur, vt non ſit aqua ſimplex ſed compoſita, mutatione non arte, verum natura facta. A ſpiritu illo habet quod nunquam glaciet, potius ſi omnes fluvii glacie obducti, incaleſcat; habet etiam quod animalia aquæ ſimplici asſueta, non ferat, ſed poſtquam injecta, interimat; alia quidem pro diverſitate naturæ vel durioris vel infirmioris citius, alia tardius; teſtimonio, ſpiritum vnitum esſe bene purificatum. Quod ſi enim cruditatibus abundaret, dubium non eſt, quin vis illius quorundam naturam multo tardius penetraret, quorundam naturæ penitus cederet. Liquet inde, qua virtute polleant acidulæ nos-„ſtræ contra varia morborum genera. . . . .

„Experientia mihi conſtat, exſerere „acidulas noſtras virtutem ſuam partim

C   per

per ſedes, partim per urinam, partim per ſudorem, raro per ſalivam, rarius per vomitum. . . . .

4). Kretſchmann Examen ꝛc. 1736. davon ich folgendes benuꜩet habe, weil es die erſte würkliche Unterſuchung des mineraliſchen Waſſers ſelbſt iſt, die mir zu Geſichte gekommen.

„Examen phiſico chimicum acidula„rum ſtebenſium.

„I. Sine admixtione aliorum corporum.

„1. Die Quelle dieſer acidularum giebt eine ſehr häufige Menge Waſſers, alſo daß niemals ein Mangel daran zu ſpüren, obgleich viel daraus „geſchöpfet wird.

„2. Das Waſſer ſtrudelt aus der Erde durch verſchiedene Oefnungen, mit „Aufſtoſſung vieler Blaſen, welche

„3. in dem Auffahren das Gehör mit einem Geräuſche beluſtigen.

„4. Hinter ſich in dem Grunde oder woraus ſie gefloſſen, eine kleine Oefnung zurük laſſen.

„5. Das

„5. Das Wasser selbst ist bei und in
der Quelle helle, durchsichtig und klar
„als eine Cristall.

„6. Erquicket mit seiner, auch in den
wärmsten Tagen, bei sich habenden
„Kälte, die Zunge.

„7. Bei Eingiesung in ein Glas, spie-
let es mit häufigen Perlenförmigen
Kügelgen, die sich endlich an die Sei-
„te des Glases anlegen.

„8. Die Nase empfindet, zumahl bei
früher Morgenzeit, aus dieser Quelle einen flüchtigen mineralisch und etwas schweflichen Geruch und

„9. der Geschmak muß beim Versuchen dieses Wassers so gleich ge-
stehen, daß es ein Sauerbrunnen
„sei, welcher

„10. Wenn man ihn frisch aus der
Quelle in den Mund nimmt und
durch die Lefzen die Luft gelinde ein-
wärts ziehet, die nervos palati titil-
„liret oder bremset.

„11. Der Grund worauf dieser Brunnen entspringet hat bei 20 Quardrat
Schritte um sich feuchtes Erdreich,

aus

aus welchem unzählige Venulæ aqua-
„ticæ entspringen. . . . .

„12. Dieses Aufstoßen der Blasen so
in der Gegend nach N. 11. und
nach N. 2 in der Quelle selbst be-
merket, stellen ein gutes barome-
trium nativum vor, denn wenn ein
Regen oder Donnerwetter heran
nahet, so entstehet sowohl in dem
Brunnen selbst, als in der bemerkten
feuchten Gegend an der Quelle, eine
vermehrte Aufstoßung dieser Wasser-
blasen aus der Erde, als wenn das
Wasser dieser ganzen Gegend siedend,
und durch ein Feuer ins Wallen und
Kochen gebracht würde, welches ein
angenehmes Geräusch machet, das
man auf etliche Schritte weit hören
„kan.

„13. Auf dem Grunde dieses Brunnens,
finden sich grauliche lapides arenosi
mit striis siliceis untermischet, die
durch calcination roth werden, etwas vitriolisch schmecken und durch
Hülfe des Mangnets eine Spuhr Ei-
„sen geben.

„14. In verschiedenen Gegenden um
den Brunnen, gräbet man einen star-
„ken eisenschüssigen Leimen

„15.

„15. Der Ablaufgraben dieſer acidularum ſowohl als die N. 11. bemerkte Gegend, iſt mit einer aus dieſem Waſſer von Natur präcipitirten „ochra überzogen.

„16. Waldenburgiſche Flaſchen mit dieſem Brunnen angefüllt und veſte verſtopfet, zerſpringen bey einer kleinen „Wärme.

„17. Die Landleute daſiger Gegend, machen aus Mehl und gerößteten Semmelſtükgen mit dieſem Sauerbrunnen einen Taig, machen Kloſe daraus und kochen ſie im gemeinen Waſſer oder Fleiſchbrühe ab und finden iedesmal, daß dieſe mit dem Sauerbrunnen angemachte Speiſe, unter dem Kochen von ſelbſt ohne Aufheben ſich erhebet, leichter wird, in der Brühe ſchwimmet und viel luterer zu eſſen ſey, als wenn der Taig mit anderm Waſſer angemachet „worden.

„18. In vacuo antliæ pneumaticæ, ſteigen aus dieſem friſch geſchöpften Waſſer viele Luftkügelgen und Blaſen auf, und es ſcheinet als ob es ſie„den wollte.

„19.

„19. Durch Beihülfe eines guten Microscopii, siehet man in einem Tropfen dieser acidularum in ein Glasröhrgen gelassen, viele durchsichtige Kügelgen, die verschiedener und theils in der Größe einer Erbsen sind, welche sich theils hin und her bewegen, an einander fahren, sich mit einander vereinigen und in Zeit von wenig „Minuten verschwinden.

„20. Bei angestellter Evaporation wird es geschwinder warm, auch ehe wieder kalt und läßt sich eher einkochen „als ein gemein und anderes Wasser.

„21. Durch Proben mit verschiedenen Instrumentis hydrostaticis, findet es sich so leicht als Regenwasser und viel leichter als die in dasiger Gegend „befindlichen andern Wasser.

„22.3 Pf. pond. med. dieses Sauerbrunnens habe ich in eine Glasschaale gethan, mit Pappier verdekt, an die Luft gestellet, da verlor sich in 24 Stun„den der meiste Geruch und Geschmak.

„23. An statt der vorigen Cristallenhelle, „wurde er trübe.

„24.

„24 In deffen superficie erschien eine „Haut von fast allerhand Farben.

„25. Auf dem Boden des Glases prä- „cipitirte sich ein wenig ocherhafte Erde.

„26. In der Mitte des Wassers schwam- men einige grauliche Flaccullæ.

„27. Nach Verlauf von acht Tagen, begab sich auch die Haut No. 24. und die in dem Wasser herumschwim- mende Materie No. 26. auf den Boden des Glases und vermehrte die dahin „præcipitirte terram ochreaceam.

„28. Das bisher trüb gewordene Wasser, fieng an wieder hell zu wer- „den,

„29. hatte aber allen Geschmak und „Geruch völlig verlohren.

„30. In superficie, erschienen an statt der vorigen Haut etliche Bläsgen, welche etliche Wochen allda stehen „bleiben.

„31. Doch wurde das übrige Wasser in Zeit von einem halben Jahr nicht moderich stinkend oder faul, son- dern blieb ohne Geruch oder Ge- „schmak.

„32

„32. Zum Wäsche waschen kan es nicht
gebraucht werden, weil es das Lei-
„nen Zeug gelbe und eisenflekig macht.

„33. Speise zu kochen wird es auch
nicht, auser zu No. 17. gebraucht,
weil es das Fleisch im Kochen hart
und die leguminosa braun oder schwärzlich machet.

„II. Mixtione cum aliis corporibus.

„34. Diese Acidulæ mit spiritus salis
ammoniaci oder anderm spiritu vri-
noso alcalico volatili misciret, werden
gleich trübe, und præcipitiret sich
ein wenig weisgelbe Erde.]

„35. Mit salibus alcalicis fixis wird
eben dieser Effect erhalten.

„36. Durch Vermischung eines Lixivii
vom Kalk nnd Potasche, præcipitiret sich noch mehr von einer gelben Erde.

„37. Spiritus vitrioli præcipitiret nichts,
machet ihn auch nicht trübe, läßet
ihn ganz cristallen hell, und entstehet dabei keine sichtbare Effervescenz.
Geschiehet aber die Mixtio in einem
Glas mit einem engen Halse und
man

man decket solches mit dem Finger zu
und rüttelt es, so stößet die Luft
merklich und stark aus des Glases
„Oefnung heraus.

„38. Uibrige spiritus acidi minerales,
als Vitrioli salio. nitr. etc. haben in dergleichen Vermischung einerlei Würkung mit den sp. vitrioli-

„39. Unter allen dergleichen acidis aber,
wird cum mixtione spir. sulphuris, die heftigste Herausstossung der
Luft, sonsten aber alle Begebenhei-
ten No. 37. beobachtet.

„40. Oleum vitrioli in diese acidulas
getropfet, machet ein Zischen, wie dergleichen oleum gewohnet, treibet das
Wasser nicht besonders, färbet es etwas röthlich, und nach Verlauf etlicher Stunden, findet sich wenig po-
meranzenfarber praecipitat.

„41. Galldpfel wenn sie auch lange
mit diesem acidulis vermischet stehen,
geben doch keine recht schwarze, sondern nur eine roth braune schwärzli-
che Farbe, welches auch andere radi-
ces, cortices und adstringentes thun.

„42. Gibt der gemeine grüne Theé da=
mit angebrühet, ein dergleichen gefärb=
tes infuſum.

„43. Der ſchönſte blaue Sirupus vio-
larum wird davon grün und

„44. Kühe oder Ziegenmilch läſſet ſich
zwar mit unſerm Waſſer ohne ſich zu
verändern kochen, gerinnet aber in
24 Stunden.

„III. Evaporaţione, deſtillatione et in-
spisfatione

„Hierauf habe ich Pf. XII. p. m. un=
ſers Stebner Sauerbrunnens in eine
groſſe Schaale gegoſſen, dieſes Glas
in eine Sandcapelle geſezet und darun=
ter ein gar geringes Feuer machen laſ=
ſen. Das Glas war nur laulich, ia
man konnte mit der Hand darein grei=
fen und gewiß ſeyn, daß es noch nicht
heis ſey.

„45. ſo beobachtete man das Waſſer
in der gröſten Bewegung, als wenn
es im ſtärkſten Sieden ſtünde; unzähl=
lige Globuli agirten darinnen wider
einander und machten ein Geräuſch
daß man es gar wohl hören konnte.
Aus dem Grund des Glaſes fuhren
gro=

große Blasen wie aus dem Grunde
der Quelle empor.

„46. Man empfand wenn man die Nase darüber hielt, einen Schwefelgeruch und

„47. die innerliche Bewegung des Wassers war so stark, daß diese in einander agirende Theile, 3 Zoll hoch über
die Oberfläche des Wassers in die
Höhe sprangen und an die darüber
gehaltene Hand anschlugen, so daß
man sie gar merklich spüren konnte.

„48. Unter dieser Bewegung wurde das
vorher helle Wasser trübe und fieng
an heiß zu werden. Nachdem der
Streit dieser Kügelgen ein Ende hatte, erschien

„49. auf der Oberfläche des Wassers
eine Haut von vielen und schönen
Farben wie N. 24.

„50. Auf dem Grunde des Glases präcipitirte sich eine materia terreo-ochra-
cea von weißgelber Farbe, das Feuer
wurde vermehret und das Wasser
fieng an zu kochen.

„51.

„51. dann wurde diese Haut. No. 49.
zertheilet und begab sich zu dem auf
den Boden liegenden Praecipitato
zum theil, zum theil aber

„52. kam an deren Stelle ein weiſer
Cremor, wie Cremor thermarum auf
der Oberfläche des Waſſers ſchwim-
mend zum Vorſchein, alles andere
aber ſo vorher cauſa turbationis aquae
geweſen, geſellte ſich durch ein viertel-
ſtündiges Kochen

„53. entweder über ſich zu dem Cre-
more oder

„54. zu dem Prácipitat am Boden des
Glaſes und

„55. lieſe das mitten ſtehende Waſſer
wieder helle werden, wie vorhin ich
ließ alles erkalten, ſeparirte

„56. den oben auf ſchwimmenden Cremor, der ſehr leicht war, troknete und
wog ihn, da hatte er Gr. IV. Das
Waſſer goß ich in ein rein anderes
Gefäß und fande

„57. der zu Boden gefallenen gelblichen
Erde nach dem troknen Gr. X.
Das nur gedachte abgegoſſene Waſ-
ſer

ser evaporirte ich in einer offenen
Glasschaale bis zum troknen

58. Da überkam ich einer lichtgelben
leichten materiae terreosalinae 36 grana, also aller in den Pf. XII. in offenem Gefässe verdunsteten Sauerbrunnen befindlich gewesenen troknen Wesens 50 Gran.

„Der Cremor N. 56. ließ sich durch-
glühen und

„59. veränderte sich im Feuer nicht.

„60. liesse sich in aceto destillato sol-
viren und

„61. die zu Boden gefallene Erde N.
57 hängte nach der Calicination sich
an den Magnet.

„62. Wieder Pf. XII. Acidularum Stebensium in eine eiserne gegossene und
auf das reinste gemachte Pfanne ad
siccitatem evaporiret, gaben hingegen
58 Gran einer pomeranzenfarben materiae terreo salinae, also 8 Gran
mehr als im Glas evaporiret, welches Zurukbleibsel, nachdeme es von
dem Salze elixivando befreiet und
calciniret worden,

„63

„63. mehr an den Magnet hieng, als
No. 61.

„Abermahlen ließ ich 12. Pf. Sauerbrunnen an der Quelle frisch ge-
schöpfet, auf 2 Gläsernen Retorten
wohl lutirt mit dem gelindesten Feuer aus einer Aschcapelle destilliren und
wolte den so hoch gerühmten Spiri-
tum elasticum acidularum fangen,
dahero von 12 Pf. Sauerbrunnen

„64. nur Zß. liquoris in die Vorlagen gehen ließ, dieser durch Deistillation erlangte liquor

„65. hatte weder Geruch noch Geschmak,

„66. wurde weder mit acidis noch alcalicis corporibus admiscendo al-
teriret, sondern war und blieb schlecht
Wasser

„67. den übrigen Sauerbrunnen in den
Retorten, ließe man aus der Aschca-
pelle gar ad siccitatem mit gelindem
Feuer destilliren so

„68. überkam ich wieder eines leichten,
gelben, lichten ganz trocknen, erdigten,
gesalzenen Pulvers 72 Gran im Grunde der Retorten. Weil ich nun zu
fernern Untersuchung der ingredien-
tium dieses Sauerbrunnens und hier-
zu

zu nöthiger analisi chimicæ dieser erhaltenen remanentiae terreo salinae
eine mehrere Quantität nöthig hatte,
so ließ ich mit allem Fleiß und Sorg-
falt in gehörigen Gefässen so viel Sauerbrunnen gelind evaporiren, bis ich
dergleichen gelben Pulvers wie N. 67
war bei ziß, Unzen bekam, mit welchem folgende Untersuchung gepflogen
wurde.

IV. Contentorum separatione.

„Ein Loth der nach der Evaporation
des Sauerbrunnens zurükgebliebnen tro-
kennen Erde und Salzpulvers wie N. 67
erhalten, wurde mit destillirten Wasser
dieses Brunnens elixiviret, das lixivium
filtriret und ad cuticulam inspissiret,
endlich was sich nur cristallisiren wollen, cristallisiret

„68. so überkam ich eine sol christalli-
satum medium, so, nachdem es trok-
ken war Gr. XVII. gewogen. Was
nicht mehr anschiesen wollte, ließ ich
inspirsiren und überkam

„69. ein Sal alcalicum am Gewicht 50
Gran.

„70. Die nach der Elixivation dieser
Sal-

Salze zurük gebliebene Erde wog nicht
völlg 3 Drachmas.

„Das Sal medium N. 68.

„71." praffelte auf glühenden Kohlen,
war aber fonften mit einem tartaro

„vitriolato in einer Gleichheit.

„Das Sal alcalicum N. 69.

„72. effervefcirte mit allen acidis heftig:

„73. gab mit Sale amoniaco vermi-
fchet einen flüchtigen urinofen Geruch

„74. mit Schwefel gefchmolzen, wurde
ein hepar fulphuris daraus

„75. und mit fulphure citrino und
nitro im gehörigen Gewicht mifciret,
machte den bekannten pulverem ful-
minantem der feinen Effect ftark ver-
richtete die poft elixivationem zurük gebliebene Erde N. 70.

„76. effervefcirte cum acidis mineralibus et vegetabilibus

„77. folvirte fich meiftens in aceto de-
ftillato und gab

„78. ein fal terreum wie Margaritae
und andere dergleichen Körper

Noch

„79. Unter der Calcination dieser Erde in einem Tiegel, empfand man einen starken Schwefelgeruch und nach
der Calcination

„80. Solvirte reiner Eßig, dieser Erde
L. II. völlig, biß auf Gr. III. auch
zog

„81. der Magnet dieses Calcinatum stark
und häuffig an sich

„Noch ein Loth des nach der Evaporation dieses Sauerbrunnens zurük ge-
bliebenen Erd und Salzpulvers, so
wie N. 67 erhalten worden, exami-
nirte ich auf eine andere und fol-
„gende Art.

„82. Dieses Pulvers, 1 Loth destillirte ich
aus einem beschlagenen gläsernen Re-
tortigen von dem geringsten bis zu
dem stärksten Feuersgrad und bekam
in die Vorlage

„83. erstlich einen hellen liquorem, so
guttatim übergieng bei 20 Tropfen
ohngefehr.

„84. Hierauf folgte ein anderer liquor,
so per nebulas in die Vorlage kam
und den ersten liquorem trübe mach-

D

te, welche beide zusammen 2 scrupel
wogen.

Diese beide liquores

„85. hatten nicht nur einen empyreu-
matischen sondern auch volatilen uri-
„nösern Geruch.

„86. schmekten etwas scharf,

„87. effervescirten mit alcalis fixis vermischet nicht,

„88. wohl aber mit acidis und sonderlich spiritu vitrioli stark, durch welche Vermischung

„89. der urinose Geruch verringert, der
empyreumatische aber desto mehr zum
Vorschein kam und

„90. aus diesem aus N. 83. und 84.
combinirtem liquore, eine Blut oder
Rubinrothe wenige materia prácipitirte, worauf in etlichen Stunden
die ganze Mixtur roth wurde. Ab-
strahirte man aber die Liquores N.
85. in einer Aschkapelle auf das gelin-
deste bis zu einer Honigdike,

„91. so blieb auf dem Grund eine materia pinguis oleosa, ob schon in
we-

weniger Quantität, doch von dun-
kel rother Farbe, angenehmem Geruch, starkem Geschmack und einem
metallischen süssem Oehle nicht ungleich,
zurük.

„In dem Hals der Retorte von der
Operation N. 82. hatte sich vorne

„92. ein weislicher wenig salzig schme-
kender Sublimat und

„93. hinter diesem ein förmlicher Schwefel angeleget. Der Sublimat N. 92.

„94. efferfescirte weder mit acidis noch
alcalicis, gab

„95. aber mit leztern vermischet einen,
etwas volatilischen Geruch.

„In der Kugel der Retorte.

„96. befand sich ein graues Pulver,
so

„97. einen starken Schwefelgeruch von
sich gab und aus welchem mit heissem
Wasser

„98. ein Sal alcalicum ausgelauget
wurde, das nach der Elixivation
übrige Pulver aber, hieng

D 2   „99.

„99. wieder ſtark an dem Magnet.

„Dieſe Arbeiten von N. 82 bis 95. widerholte ich noch einmal und fand alle erſtere Begebniſſe, daher ich von dieſer productorum Gewißheit deſto mehr überzeuget ſeyn konnte.

„V. Ochræ anatura præcipitatæ examen.

„Endlich habe für nöthig gehalten, die von der Natur in dem Ablaufgraben dieſes Sauerbrunnens, prácipitirte gelbe Erde, auch zu unterſuchen, um zu ſehen wie weit ſie von der, durch Evaporation erlangten unterſchieden ſey.

„Dieſe ochra naturalis.

„100. An der Farbe dunkel gelber als die durch Abdünſtung des Waſſers erlangte, iſt auch etwas zart und loſer.

„101. Hänget aber an der Zunge mehr als die artificialis

„102. effervesciret mit acidis mineralibus, nicht aber

„103. mit alcalicis ſalibus

„104.

„104. fårbet die Leinwand gelb und ei=
senhaft, so nicht wieder herauszubrin=
gen

„105. Hånget dem Magnet etwas an
und

„106. wenn sie mit heisem Wasser eli=
riviret und evaporiret wird, erlanget
man etliche wenige Gran eines salis
alcalico medii.

„16 Loth von silbst gefallenem Ochrae
acidularum siebennium, habe ich aus
einer glåsern wohl beschlag nen Re=
torte in ofnem Feuer destilliret, wob ei
ich erhalten:

„107. eines weisen hellen liquoris, so
guttatim in die Vorlage gegangen,
bei 3 Quentgen. Auf diesen folgte

„108. ein gelblicher liquor so per nebulas in den Recipienten kam

„109. und den ersten liquorem trübe
und milchhaft machte.
„Beide liquores wogen 6½ Quent=
gen und hatten

„110. einen empireumatischen dabei aber
volatilischen Geruch, doch nicht so
stark als N. 85.

111.

„111. Effervescirten nicht mit salibus alcalicis

„112. Bremßeten aber mit acidis, sonderlich mit spiritu vitrioli und fande
sich bei dieser Vermischung, keine rothe präcipitirte Materie wie No. 90.

„113. Als diese liquores No. 107 und
108 mit dem gelindesten Feuer in der
Aschkapelle abstrahiret wurden, so blieb
auf dem Grunde des Kolbens, eine
fettliche braun rothe wenige Materie,
fast wie No. 91.

„114. In dem Halse der Retorte, fand
sich bei der Destillation dieser ochrae
kein sublimat wie N. 92. und 93.
sondern ein schwärzlich unschmakhaf-
tes weniges Pulver.

„115. In der Kugel der Retorte blieb,
eine schwarze Erde zurük, die

„116. stark nach Schwefel roch; welche mit Wasser elixiviret

„117. grana X eines salis alcalici, gab.

„116

„118. Wurde sie aber in offenem Feuer calciniret, so wurde sie roth wie
ein caput mortuum ☉li, gab wieder
einen starken Schwefelgeruch unter
währender calcination und

„119. hielt 1 ‖Centner davon über 10
Pfund Eisen

„120. Daher mit acidis mineralibus,
ein völlig vitriolum martis daraus
zu machen war; die in der Retorte zuruk gebliebene schwarze Materie
N. 115. muste ich in einem Sicher-
tröglein

„121. da fand ich nebst vielem Eisen-
schlich, auch etliche Körner gelben
Schwefel, der

„122. auf glühende Bleche geworfen,
Flammer Feuer gab.

„Aus allen diesen mit Mühe, Fleiß und
Aufmerksamkeit erlangten experimentis und
productis chimicis, welche mit diesem Stebener Sauerbrunnen gemacht worden, könnten
verschiedene in der Phisic und Chymie nüzliche und richtige Folgerungen gezogen werden, hier aber will ich zufrieden seyn, daß
                    D 4   „aus

„aus den acidulis ftebenfibus demonftriret worden:

„1. ein leichtes Waſſer ſo N. 20. u. 21.

„2. ein häufiges elaſtiſches Weſen oder ſo-
genannter ſpiritus æthereus den N. 10.
16. 17. 18. 19. 22. 45. u. 47.

„3. Ein Sal alcalicum fixum, ſo N. 43,
69. 98. 117. und ſal alcalicum volati-
le ſo N. 85. 88. 89. 110. 112.

„4. eine in acidis ſoluta, theils leichte,
theils ſchwere Erde, ſo N. 25. 27. 50.
51. 52. 58. u. 70.

„5. Ein Sal medium ſo N. 65.

„6. Schweſel ſo N. 8. 46. 79. 97. 116.
121. 122.

„7. Eiſen ſo N. 32. 33. 61. 63. 81. 99.
104. 105. 119. 120. zuſammen erwie-
ſen worden. . . . .

„Es findet ſich, daß 12 Pfund p. m.
dieſes Sauerbrunnens, 72 Gran einer trokenen
Erde und Salz Subſtanz zurükgelaſſen. Weil
nun dieſe Quantität zu klein war, ſolche
ferner nach ihrem Weſen zu unterſuchen,
und dieſe weitere Unterſuchung mit 1 Loth
„der-

dergleichen Zurukbleibsel vorgenommen, dieſen aber zu erlangen 40 Loth p. m. Waſſers abgedünſtet werden muſten, ſo hat man aus dieſes 40 Pfund Sauerbrunnen oder 1 Loth davon erhaltenen Erde und Salzpulvers über, kommen: 50 Gran Salis alcali

„17 ⸗ Salis medii

„2 Drachmas 53 Gran einer Erde, die viel Eiſen und etwas Schwefel gehalten. Es folget alſo aus allen vorhergehenden Unter, ſuchungen, daß eine libra medica dieſes Ste, bener Sauerbrunnens halte.

„1. Salis alcalici, mehr als ein Gran.

„2. Salis medii, nicht gar ½ Gran.

„3. Terræ ſolubilis, mehr als 4 Gran.

„4. Sulphuris, etwas.

„5. Martis, viel.

„6. Volatilis ærei elastici, häufig; welche Stüke alle in einem

„7 Aqua leviſſima, als in einem vehiculo, vereinigt ſchweben, daß dadurch die Criſtallen Helle dieſes liquoris nicht turbirt wird, ſo lange dieſe Stücke ſich in ihrem natürlichen Gleichgewicht „befinden„ . . . .

D 5   Im

Im Jahr 1787 trug ich dem damals sich hier aufhaltenden Herrn D. Doppelmayer auf, den Stebner Sauerbrunnen zu untersuchen. Er begab sich sehr bereitwillig dahin und nahm zugleich Gelegenheit das nur 1½ Stunde davon entfernte Langenauer mineralische Wasser zu untersuchen, hier ist ein Auszug des Resultats seiner Beobachtungen.

„Unten im Grunde das Brunnens entspringen ohngefähr 20 Quellen, die so viel Wasser liefern, daß der vorherbeschriebene Brunnen, welcher eine große Menge Wassers enthalten kan, in 10 Minuten wieder gefüllet war, als ich ihn von 4. Personen ausschöpfen ließ, wozu sie eine Stunde Zeit brauchten Acht Schuhe davon gegen Mittag, steigen gleichfalls viele kleine Quellen empor, welche aber schwächer am Geschmak sind und doch die ganze Gegend mit einer zarten und schönen Ochererde überziehen, mit welcher auch die Wassersammlung vom Boden bis an Rand, dick überzogen ist. Einige Schritte von dem Brunnen rechter Hand, liegt der ehemals gebrauchte Brunnen, welcher ganz schlecht mit Holz eingefaßt ist und im Freyen liegt. Er wird darum nicht mehr gebrauchet, weil vor 20 Jahren ein Hund darinnen ertrank und weil sich jezt, aus Nachs

„nachläßigung über diesen Zufall mit ihm das Regenwasser vermischt und ihn schwächer macht. Durch die Vorsorge des Herrn Bergrath Trommlers zu Naila, wurde aber der ordentliche Brunnen dafür gesichert, indem er Gräben herum ziehen ließ, daß von der Anhöhe herunter laufende Wasser abzuleiten. Die Einwohner von Steben bedienen sich dieses Gesundbrunnen Wassers zu allen häuslichen Verrichtungen, wobei Wasser nöthig ist und selten findet man im Dorfe einen Kranken, desto mehr aber alte gesunde Leute, die ihr Leben dem Gebrauch des Brunnens verdanken.

„Ich fahre in meiner Beschreibung fort; da ich alsdann die Versuche sowohl mit dem Stebener als Langenauer zugleich aufzeichnen will. Dieser liegt von Steben 1¼ Stunde und von Gerodlosgrün eine starke halbe Stunde in einem tiefen, aber sehr für treflichen Thal, woran die grosse Flöße stößt. Diese Quelle entspringet gleichfalls aus einem Felsen, am Fluße eines hohen Berges. Der Herr Pfarrer Groß zu Geroldsgrün besorgte indessen freiwillig den guten Zustand des Brunnens und faßte den obern Rand mit Holz ein, zog Gräben um ihn zum Abfluß der Wasser vom Berge und säuberte ihn, wenn er beschädigt wurde. Die Ein„fassung des Brunnes hält ohngefähr 1¼ Schuh

„Schuh im Quadrat und die Tiefe def-
selben einen Schuh. Der Grund des
Brunnens, so wie auch die Gegend um
denselben herum, ist mit einer feinen Thonerde überzogen, auf welcher ein hellgelber
Ocher in geringer Menge liegt. Diese Thonerde brauset mit sauern Geistern sehr stark
auf und wird von ihnen, besonders von
der Vitriolsäuere gänzlich aufgelöset. Da
dieser Brunnen überhaupt nicht besonders
in Aufmerksamkeit gezogen wurde, sondern
seiner eigenen und des Herrn Pfarrers Erhaltung überlassen ist, wo dann daraus
schöpfen kan, wer nur mag; so findet
man doch genug Spuren, daß er ausseror-
dentlich stark verführet wird. Ich fand selbst
den Flek vor dem Brunnen stark betreten
und mit Stroh bestreuet, welches vom Pa-
cken der Flaschen liegen bleibt. Die Bam-
bergischen Kaufleute lassen viele 1000 Krüge
nach Bamberg liefern und verkaufen es unter dem Namen des Selterwassers, ohne ihren
Gewissen deshalb Zwang anzuthun, weil
es die nemliche Güte und Würkung, wie ines,
an sich hat. Das Wasser dieses Brunnes
quillet aus 3 Oefnungen im Felsen mit einem sausenden Getöße heraus und wirft auf
der Oberfläche des Wassers im Brunnen,
Blasen der Größe eines Taschenuhrglases,
„welches alle halbe Minuten zu geschehen pfleget,

„get, dabei der Stebener Quelle, das Auf-
steigen der Luftblasen niemals aufzuhören
pfleget."

„Bemerkungen

„über

„das Stebner und Langenauer

„Gesundwasser.

„Das Wasser trübt sich, und wird am Geschmak schwächer, wen es regnet oder regnen „will.

„Dieses Wasser bleibt gleich stark, ausgenommen wenn es vom hineindringenden Regenwasser geschwä-„chet wird.

„Der Geschmak ist dientenartig, zusammenziehend, sehr geistig und erfrischend. Am ähnlichsten dem Geschmak des Egeri-„schen Sauerbrunens.

„Der Geschmak ist dem Selterwasser am ähnlichsten nur etwas „piquanter und stärker.

Der

Stebner   Langenauer

Waſſer.

„Der Geruch iſt
gleich nach dem Schö-
pfen aus der Quelle gei-
ſtig nnd ſäuerlich. Da
ich den Brunnen aus-
ſchöpfen ließ, ſo ſtieg
ich hinein, um etwas
von dem Ocher am
Grunde zu bekommen
und hier wurde ich von
den geiſtigen Däm-
pfen des Waſſers ſo
betäubet, daß ich
ſchwindelnd wurde und
mich mit Mühe heraus
„helfen muſte.

„Dieſes verhält ſich
eben ſo.

„Im friſch geſchöpf-
ten Glas voll Brun-
nen, entſtehen ſogleich
an deſſen innern Sei-
te unzählig viel kleine
Luftbläschen, welche
ſich an das hineinge-
ſenkte hydroſtatiſche
Inſtrument gleichfalls

„Iſt das nemliche
da ich aber das nem-
liche Inſtrument mit
der nemlichen Porti-
on Waſſers als zu
Steben, brauchte, ſo
ergab es ſich, daß das
Inſtrument um einen
halben Grad höher
hin-

Waſſer.

anhiengen und es em-
por halten halten.

„Mit Violſaft wur-
de er im kurzen gras-
grün.

„Eine langhalſigte
gläſerne Flaſche da-
mit angefüllt, Oehl
darauf gegoſſen, feſt
zugeſtopft und ein we-
nig geſchüttelt, warf den
Stöpel ab und das
„Oehl heraus.

„Es brauſtte mit
Vitriolgeiſt auf.

„Es brauſte mit
Salpeterſäure gelinder
als mit Vitriolſäure,
das Waſſer wurde lau-
„licht.

hinauf getragen wur-
de.

„Das nemliche.

„Auch bloſes Waſ-
ſer trieb den Stöpel
herunter, wenn auch
die Flaſche nicht ganz
damit angefüllet war,
iedoch war das Her-
unterwerfen des Stö-
pels weit vehementer
als beim Stebner zu
„ſpüren.

„Geſchahe gleich-
fals, doch weit ſtärker
„als beim Stebner.

„Gleiche Bemer-
kung aber ſtärker.

Es

Wasser.

„Es braußte mit Kochsalzsäure auf.

„Das nämliche, aber stärker.

„Es braußte mit Citronensäure und trübte das Wasser.

Ein gleiches — ohne das Wasser zu trüben.

„Mit Citronensäure, Wein und und Zuker braußte stark auf.

„Das nemliche aber in einem sehr heftigen Grad. Diese Mischung gab ein ganz besonder angenehmes und erfrischendes Getränk ab, welche allen kühlenden Getränken der Vorzug nimmt.

„Ein hineingeworfenes ganzes Stükchen Kreide, wurde in aller Geschwindigkeit davn aufgelößt und zerfiel in ein Pulver.

„Das nemliche.

„Mit Bleyeßig wurde es nicht trübe.

„Das nemliche.

Mit

Stebner   Langenauer

Waſſer.

„Mit einer Lauge aus Kalch und Schwefel wurde es perlweiß.

„Das nemliche und ließ weiße Floken zu Boden fallen.

„Mit Silberſolution wurde es gelbröthlich.

„Ein gleiches.

„Mit Salmiakgeiſt perlfarb.

„Machte eine weißlichte Wolke und ſezten ſich dergleichen Floken am Boden.

„Mit Weinſteinöhl das nemliche.

„Das nemliche.

„Mit Sublimatſolution, ſchlug ſich ein gelblichter Bodenſaz des andern Tags nieder und wurde das Waſſer ſogleich gelblicht und trübe.

„Das nemliche.

„Mit Galäpfelpulver wurde es weichſelbraun.

„Nicht gar ſo dunkelbraun.

E   Nun

Nunmehro schritte ich zur Untersuchung beider Brunnen im Feuer, worauf sich folgende Bemerkungen ergaben.

Stebner   Langenauer

Wasser.

„Nachdem ich ein Pfund von diesem Wasser in einen gläsernen Geschirre abrauchte; so erhielt ich davon 12 Gran Sediment von bleichgelber. Farbe und etwas adstringirendem Geschmak.

„Ich laugte gewönlicher Weiße dieses Sediment, welches 4 Quint betrug aus und erhielt daraus netto 50 Gran gelbliches Salz.

„Es wolte sich lange nicht zum Kristallenanschuß bequemen,

„Auf gleiche Weise mit diesem Verfahren, erhielt ich gleichfalls 8 Gran Sediment, das aber noch blasgelber als das vom Stebner Wasser war.

„Bei der Auslaugug dieses Sediments, welches 4. Quint betrug, erhielt ich 36 Gran weißliches und grau vermengtes Salz.

„Schoß bald an und gab urinös schmekende Salzspizzen, doch

Waſſer.

ſondern formirte An-
fangs nur eine dikke
Subſtanz, bis es end-
lich dennoch wahre
Salzſpizzen erzeugte.
Schon dieſes evapo-
rirte Waſſer, ſchmekte
ſtark ſalzig und bitter.
Unter dem Mikroſcop,
zeigten ſich verſchieden
geformte Salzſpizen,
meiſtens kubiſch, an-
dere länglicht und ſpie-
ſigt.

„Dieſes Salz auf
glühende Kohlen ge-
worfen, gab es ſprazeln-
den Funken von ſich
und wurde verzehret.

„Etwas von die-
ſem Salz im Tiegel

in weniger Quantität,
das meiſte war eine
kompakte ſalzigte Ma-
terie ohne Kriſtallen.

„Unter dem Mikro-
ſcop, erſchienen einige
länglichte Spizen, das
übrige verdunkelte das
Gläschen im Schie-
ber und machte ver-
worrene Figuren.

„Dieſes Salz auf
Kohlengluth gethan,
gab einen laugenhaf-
ten Geruch und keine
Funken, ſondern floß
und ſchmekte ſchärfer
auf der Zunge, als
vorher.

„Ich hatte unglük-
licher Weiſe meinen

fliesen und mit Koh-
lenstaub abbrennen laſ-
ſen, ſchafte eine Schwe-
felleber.

„Mit mineraliſchen
Säuren, brauſte das
Salz gelinde auf.

„Das Sediment
nach der Auslaugung
brauſte ziemlich mit
Säurer auf und wur-
de von der Vitriol-
ſäure beſonders ſtark
angegriffen und iſt
meiſt thonartig.

„Die Stebner O-
chererde wurde nach
dem Ausglühen röther
und der Magnet zog
vieles davon an ſich.
Mit mineraliſchen
Säueren brauſte es
wenig auf und leidet
auch von ihnen eini-
ge Auflöſung.

Ueberreſt von dieſem
Salz verſchüttet, um
dieſes Experiment da-
damit zu machen, wel-
ches auch nicht geglü-
ket haben würde.

„Dieſes brauſte
ſehr ſtark damit auf.

„Dieſes ausge-
laugte Sediment
brauſte heftig auf, war
ſtark alkaliſch und löſte
ſich in den minerali-
ſchen Säuren auf.

„Auch aus der klei-
nen Menge dieſer O-
chererde und nach dem
Glühen, wollte der
Magnet nur ſelten ein
Stäubchen aufheben,
ob ſie gleich in der
Gluth noch röther, als
die Stebner wurde.
Mit mineraliſchen
Säuren, brauſte ſie
heftig, ſo wie die un-
ter der Ochererde lie-
gende Mergelerde.

„Um

„Um aber der Bestimmung der Bestandtheile dieser beiden Wasser näher zu tre-
ten, will ich das merkwürdigste aus diesen
Versuchen herausziehen. Werde ich irren,
so ist mir es um so leichter zu vergeben, da
ich die Versuche für mein Vergnügen gemacht und in der Chemie noch vieles zu ler-
nen habe, um nur den wahren Namen eines Anfängers in der Scheidekunst zu verdienen. Die Grundbestandtheile des Stebner Wassers scheinen mir ein natürliches
Glauber und daher erzeutes Bittersalz zu
seyn. Dieses beweiset hauptsächlich der Geschmak des Salzes. Da nun dieses wieder
aus der Vitriolsäure und aus einem mineralisch fixen Laugensalz zusammen gesezt ist, verbunden mit einer Schwefelsäure, welche im
Vitriol liegt; so ist das Dasein dieser Theile einigermassen erwiesen. Ob nun gleich von
den meisten Schriftstellern, welche dergleichen
Gesundbrunnen untersuchten, dies Dasein
der Vitriolsäure in derselben geläugnet und
dafür die Kochsalzsäure angenommen wird,
als welche auch vermögend ist, Eisen aufzulösen; so halte ich doch dafür, daß einige dieser Experimente, z. E. die Galläpfelsolution
ihr Dasein beweisen, und nicht die Kochsalzsäure, sondern die Vitriolsäure ein Glauber und
Bittersalz mit einem mineralischen fixen, alkali-
schen Salz hervorbringen könne, ob es gleich

E 3   schwer

schwer seyn würde, einen wahren Eisenvitriol
daraus herzustellen. Daß sich aber würklich
aufgelöste Eisentheile darinen befinden, haben
diese Experimente sattsam erwiesen, und kan
der Geschmak noch deutlicher erweisen. Also
sind Bittersalz, schwefliche Theile und elasti-
sche Luft im Menge, die Grundtheile des Stebner Brunnens. Als ein Beweiß für die
Existenz der Vitriolsäure in diesem Wasser,
dienet die Lage des Brunnens, welcher von
einer Gegend umgeben ist, wo viel Vitriol-
kieße gefördert werden, die alsdann durch
unterirdische Wasser aufgelöset und sodann
herausgeführet werden können. Der Geist,
welcher sich im Wasser aufhält, entstehet von
der Vermischung der Vitriol und Schwefelsäure mit dem Alkali. Er ist am stärksten,
wenn sich beide Theile noch nicht innigst genug verbunden haben, sondern wegen ihrer
Würkung und Gegenwürkung in Bewegung
stehen, der aber schwächer wird, wenn die
Verbindung geschehen ist, wodurch diese Würkung aufhöret. Ob sich nun zwar in dem
Langenauer Wasser auch viele der von dem
Stebner Brunnen angegebenen Bestandtheile befinden; so weichen sie doch beide in An-
sehung des Verhältnisses stark ab. Die chi-
mischen Versuche dieses Wassers, besonders
der mit der Präcipitation des Merkurs, geben ein starkes Alkali zu vermuthen, das z. E.
im

im Lauchſtädter und Karlsbade ſich beſonders
befindet. Dieſes mineraliſche feuerfeſte Laugenſalz, wird aber für ſich allein nur ſelten
in dergleichen Waſſern angetroffen, und die
bei der Kriſtalliſation der wenig erzeigten Salzſpizen, waren denen am ähnlichſten, welche
von dem Stebner entſtanden ſind. Hierinnen, wenn es ein Glauberſalz iſt, ſtekt wieder das Principium vitriolikum, daß zur Ent-
ſtehung des Glauberſalzes ſchon das feuerfeſte
mineraliſche Laugenſalz gefunden hat. Die
aufgelöſten wenigen Eiſentheile, erhalten ihr
Daſein von der menſtrualiſchen Kraft der
Vitriolſäure auf das Eiſen und die Luft nebſt
den heftigen ſpirituöſen Weſen, von dem darüber ſchon vorher angeführten Beweiſe. Freilich wäre es nöthig, dieſes alles noch genauer zu beſtimmen.

„Was nun dieſe Waſſer für eine Würkung auf den menſchlichen Körper äuſern
würden, iſt meiner Beantwortung übrig gelaſſen. Ich will iezt beſonders vom Stebner
Waſſer reden. Dieſes hieß, ſchon ſeit lan-
ger Zeit das Bad und ſein Gebrauch war
mehr äuſerlich, als innerlich — darauf ver-
band man das Baden mit dem Trinken. —
Trank kalt und badete warm, welches Vor-
urtheil die Stebner Einwohner noch haben
und allen Kurgäſten das warme Bad ein-

E 4   ſchwä-

schwazen wollen, ohne Rüksicht auf ihre verschiedenen Krankheiten zu haben. Heutiges
Tages sehen Aerzte den Nuzen der kalten
Bäder in vielen Krankheiten ein und Hahn
und nach ihm Theden haben dadurch viele
Arzeimittel verbannet, an deren Stelle sie
nun mit mehrerer Zuverläßigkeit und Geschwindigkeit das kalte Wasser sezten. Die
Engländer und ihre Aerzte sehen es als eines
der kostbaren Mittel an, wodurch die meisten
Krankheiten, welche von der Schäche der Fieber und Verstopfungen der Gefäse herrüh-
ren, gehoben werden können. Thut nun dieses das blose kalte gemeine Wasser, um wie
viel mehr muß ein mit Säure und Eisentheilen
geschwängertes Wasser nüzliche Dienste am
menschlichen Körper leisten. Die Erfahrung
bestättiget, daß dieses Wasser mit Nuzen
im Podagra und Gicht gebrauchet worden
sei, wenn man darinnen warm badete.
Allein nach Pietschens erprobter Manier wird
ein solcher Kranker sich noch mehrere Hülfe
von kalten Bädern, aus diesem Wasser
versprechen können. Als ein kräftiges Auflö-
sungsmittel, vermöge seines Bittersalzes, würde es innerlich in vielen Krankheiten, wo
Zähigkeit der Säfte und Verstopfungen der
Gefäße zum Grunde liegen, nüzlich seyn.
Als ein besonders gutes Mittel den Stein
„aufzulösen, empfehle ich es aus dem Grunde

des

„des Experiments mit der Kreide, welche es
so schnell solvirte, innerlich gebraucht. Und
mit welchem Nuzen würden es die bleichsüch-
tigen Schönen trinken! — Als warmes
Bad würde es äußerlich gleichfalls bei Unreinigkeiten der Haut, vermöge des Schwe-
felgehalts im Wasser und bei Steifigkeit der
Glieder, sehr ersprießlich seyn. Was das
lezte anbetrift, so könnte auch solches durch Auf-
tröpfeln und noch füglicher als durch das
warme Baden bewerkstelliget werden. Auch
zur Stärkung der Ingeweide, besonders bei
hipochondrischen Personen würde es kräftig, innerlich gebraucht, würken. Personen, welche zu starken Blutausleerungen geneigt sind,
könnten sich wie geschwächte Körper überhaupt, kalt getrunken, den grösten Nuzen ver-
„sprechen.

„Nun auch ein Wort von dem Langenauer Wasser. Als ein dem Selterwasser ähnliches Wasser, würde es in allen
den Fällen gebraucht werden können, die
die Beschreiber ienes Brunens davon angegeben haben, und deren eine solche Menge
sind, daß ich davon billig schweigen darf.
Sollte ein gar zu empfindlicher Körper das
Stebner Wasser innerlich nicht gar zu gut
ertragen können; so wird es nicht schaden,
dieses an seine Stelle, als ein gelind wür-
kendes Wasser, zu gebrauchen. Da es

E 5   stark

„alkalifchifch ift, fo wird es fich als ein den
Stein auflöfendes Mittel, nach der Engländer Verfuchen mit dem vegetabilifchen Alkali, gleichfalls kräftig beweifen. Und follten
Schwindfüchtige keine Hülfe von diefem Brunnen erwarten, wenn fie fich der in diefem
Waffer enthaltenen fixen Luft, nach Alexanders
Vorfchrift, bedienten? Eine Mifchung von
diefem Waffer mit Effig, braußt auf, giebt
die Luft von fich und viele feine Theile des
Waffers mit ihm — Diefe Mifchung in
aller Gefchwindigkeit verfertiget und eben fo
gefchwind auf ungelöfchten Kalch gegoffen, damit fich die in dem Kalch hangende mephi-
tifche Luft frei mache, welche der Kranke
durch Röhren an fich faugen muß, die an
dem Gefäße angemacht ift, worinnen die
Mifchung von jenen 3 Stüken und ihre
Entwikelung vor fich geht, deucht mich fei
noch kräftiger, als das Entwikeln der me-
phitifchen Luft im Kalch durch Effig. — doch
ich befcheide mich hierinnen noch Unterricht an-
zunehmen. Aeußerlich das Langenauer Waffer gebraucht, wird weiter kein befonders Hülfsmittel
als das Stebner Waffer abgeben. Wie nun aber
beide Waffer kurmäßig gebraucht werden follen,
davon werde ich ein andermal meine Gedanken entwerfen, wenn ich nur die Möglichkeit
fehe, daß diefe Verfuche fo glüklich wären,
einigen Bedacht auf diefe wohlthätigen Ge-

schen-

schenke der Natur im Baireuthischer Ober-
lande erregt zu haben. „

Nun noch etwas aus des D. Etlingers
Bericht vom Langenauer Sauerbrunnen 1758.

§. 1.

„Dieser Sauerbrunnen hat seinen Namen von einem langen Wald, denn die
Benachbarten eine lange Au nennen. Er
lieget in einem zwar engen aber doch Wie-
senreichen Thal, welches zwei steile Berge machen, auf welchen verschiedene Wald-
Bäume wachsen. Er quillet unter einem Felsen mit unzähligen großen Cristall hellen und
fast silberfarben Blasen herfür, wovon viele sehr hoch springen, daher es auch kommt,
wenn er trüb gemacht wird, daß er sich gar bald
wieder auskläret und nicht das mindeste Unrei-
ne erdultet. Nicht weit davon fließt ein kleines
Bächlein.

§. 2.

Wo der Säuerling in dieses Bächlein
fällt, findet man am Boden eine gelblichte
fast schleimichte Materie, welche mit dem Spiritu vitrioli so sehr effervesciret, daß es rauchet
und das Gefäß davon heiß wird.

§. 3.

„Von dem anstoßenden Felsen kan man
eine gelbe Ochram abkrazen, die sich von
dem

dem auffpringenden Waſſer anſezet, welche,
wenn ſie mit Waſſer aufgelöſet wird, ſich nicht
ganz auflöſet, ſondern zum Theil zu Boden
bleibet: Kommt aber der ſpiritus vitrioli dazu; ſo efferveſciret es ebenfalls, doch nicht ſo
heftig wie das vorige.

§. 4.

„Das Waſſer iſt cryſtallenhell. Wenn man
es einſchenket; wirft es ſehr viele Perlen, welche einige Stunden nach und nach immer in die
Höhe ſteigen, zum Zeichen ſeiner ganz beſondern
Leichtigkeit und flüchtigen ſpiritus: Wie denn
dieſes Waſſer das leichteſte unter den mineraliſchen und dem Selſer Waſſer in dieſem
Stück vollkommen gleich iſt und hat einen ſehr
angenehmen ſäuerlichen Geſchmak.

§. 5.

„Wenn es 24 Stunden an freier Luft in
einem offenen Glaſe ſteht; ſo verliehrt ſich
dieſer Geſchmak bekommt aber keinen wi-
derwärtigen, ſondern ſchmeket faſt wie Brunnen Waſſer. Dahero das Waſſer bei dem
Füllen wohl mit Pfropf zuverſehen, ia nach
Art des Selſerwaſſers zu verpichen iſt. In
welchem Fall es ſich, wider etlicher Perſonen
Meinung, nach angeſtellter Probe, ein ganzes

zes Jahr lang und wiederum dergleichen so im Monat December gefüllet worden 7. Monat erhalten hat, auch wohl noch länger sich conserviret haben würde, so fern es nicht consumiret worden wäre.

§. 6.

„Vermischt man dieses Wasser mit gutem Franken Wein; so steigen unzählige Blasen in die Höhe und der Wein bleibt hell. Ist er aber stark geschwefelt; so wird er ganz schwärzlich.

§. 7.

„Vermischt man es aber mit ächtem Rheinwein; so zeigen sich gleichfalls diese Perlen, doch wird es auch etwas dunkler. Thut man Zucker dazu; so arbeitet es sehr mit einander, und bleiben auch unten einige Bläslein ziemlich lange sizen.

§. 8.

„Vermischt man dieses Wasser mit Weinstein Salz; so effervesciret es gar nicht, nur wird es etwas milchicht.

§. 9.

§. 9.

„Lääet man in dieses Waſſer einige Tro‐
pfen vom ſpiritu vitrioli fallen, ſo giebt es
ſehr viele Blaſen, die in die Höhe ſteigen, und
ſcheinet faſt zu kochen. Thut man das ſal amo‐
niacum dazu, ſo wird die Wallung gröſer,
es rauchet und giebt einen durchdringenden
Geruch. Mit Oleo vitrioli iſt die Efferves‐
cenz viel gröſer und machet gleichſam ein
Geräuſch.

§. 10.

„Thut man den Veilſaft z. E. zu drei
Unzen dieſes Waſſers, ein halb Loth hinzu,
ſo wird es im Anfang, wie ganz natür‐
lich, himmelblau. Dieſe Farbe aber verwan‐
delt ſich in kurzer Zeit von oben her in eine
grünlichte und gehet immer weiter hinunter,
doch bleibt es auf dem Boden etwas blau‐
licht. Läſſet man einige Tropfen Olei tarta‐
ri per deliquium in dieſe Mixtur fallen;
ſo wird ſie faſt wie Schmaragd, welche Far‐
be aber der Spiritus vitrioli in die röthlich‐
te verwandelt, die ſich aber nach und nach
wieder verlieret, und beinahe ſtahlgrün wird.

§. 11.

„Wenn man dieſes Waſſer mit Gall‐
äpfeltinktur vermiſchte, ſo wurde es gelblicht.

Kam

Kam aber Galldpfelpulver hinein, so schiene es fast zu kochen, bekam aber einen weisen Jescht und wurde ganz dunkelgelb. Thut man Limaturam Martis oder Feilspän hinzu, so gehen sie zwar nicht zu Boden, gleichwohl aber steigen viele grose Blasen in die Höhe, und ob die Mixtur zwar nicht ganz schwarz wird, so wird sie doch viel dunkler.

§. 12.

„Wenn Limatura Martis allein hinzu kam; so kamen unten kleine Bläslein, welche nach und nach in die Höhe stiegen, einen kleinen Theil der Limaturae Martis bei sich hatten, ie höher sie in die Höhe kamen, größer wurden, in der obern Fläche auffuhren und das kleine Stüklein der Limaturae Martis wieder zu Boden fallen liesen. Welche Würkung in den ersten 24 Stunden sehr häufig war, 3 Tage aber etwas gelinder fortdauerte.

§. 13.

„Wenn Vitriolum Martis hineinkam, so arbeitete es stark, und stiegen zwar inwendig Blasen in die Höhe, so bald sie aber an die Superficiem kamen, verschwanden sie. Das Wasser wurde gelblicht und in der Mitte eine

ne starke Wolke. Nachdem es 24 Stunden
gestanden ist, so wurde es dunkelgelb.

§. 14.

„Wenn die Solutio facchari Saturni
hineinkommt, so wird es wie Milch, und
wenn es stehet, macht es ein Sediment, und
hat im ganzen Glas Bläslein.

§. 15.

„Wenn es mit Kreiden vermischt wird,
wird es milchicht, und sezet sich vollkomme-
ner, außer das oben ein sehr subtiles Häut-
lein geblieben.

§. 16.

„Aus allen diesen Erfahrungen ist offenbar, das in diesem Wasser ein so genan-
ter ätherischer und ein sauerlicher flüchtiger
vitriolischer Geist, ferner ein alcalisches Salz
nebst einer sehr subtilen Erde enthalten sei.

§. 17.

„Dieses leztere zu beweisen, ist zu mel-
den, daß fast 2 Pfund Wasser durch die Destillation abgedroknet, 25 Gran und einander-
mal 26 Gran, nach dem Unterscheid der Krüge, einer sehr subtilen alkanischen Erde per
Eva-

„Evaporationem aber abgetrofnet nur 20 Gran dergleichen gebe, wobei doch anzumerken, daß die erſte ein wenig gelblicht, die andere aber weiß ſei.

§. 18.

„Von dieſen Gehalttheilen iſt zu ſchließen, daß dieſes Waſſer das Geblüt verdünne, die diken und zähen Theile zertheile, den geſchwächten Theilen einige Kraft gebe, die Schärfe in unſerm Körper dämpfe, den Leib offen halte und beſonders den Urin ſtark treibe.

§. 19.

„Daher muß dieſes Waſſer in allen Verſtopfungen der kleinen Gefäße, wie in malo hypochondriaco, cachexie und dergleichen, gute Dienſte thun. Es muß in den Bruſtbeſchwerungen, Stöcken und kurzem Othen, Kopfweh, allen ſcorbutiſchen Krankheiten, Ausſchlag an der Haut, Verſtopfung des Leibes und Urins, Reiſen in Gliedern und vielen andern, wichtigen Nuzen ſchaffen.„

Herr D. Zükert ſagt in ſeiner Beſchreibung aller Geſundbrunnen und Bäder Deutſchlands, Königsberg 1776 Seite 746:

F   der

„der Stebner Sauerbrunnen ſchmekt
angenehm ſäuerlich und iſt immer ſehr hoch
geſchäzt worden; viele achten ihn dem Eger-
iſchen Brunnen gleich.„

Endlich folget hier noch des hieſigen
Herrn Stadtphiſicus D. Jördens, auf mein
Erſuchen verfertigte, und mir gütig mitge-
theilte Aufſaz:

„Von den Eigenſchaften, Nuzen und
Gebrauch des Stebner mineraliſchen Waſſers.„

I. Eigenſchaft und Nuzen des Steb-
ner Geſundheitsbrunnens.

„Alle Beſchreibung des Stebner mineraliſchen Geſundbrunnens und die damit in
vorigen Zeiten von den Aerzten angeſtellte
Verſuche, ſtimmen meiſtentheils mit des
Herrn geheimen Hofrath Delius in Erlangen neuen Unterſuchungen darinnen überein,
daß dieſes ätheriſche geiſtreiche Waſſer au-
Eiſentheilen, vitrioliſcher Salzſäure, Schwefel, Salmiak, Bitterſalz und Selenitiſcher
Erde beſtehe. Wie dieſes die 1736 weitläuf-
tig angeſtellten Verſuche des verſtorbenen
Herrn Bergrath Kretſchmanns klar und deutlich

lich machen. Diesen nach, wirket dieses
Wasser nach der besondern Vermischung
seiner Bestandtheile, vorzüglich in die festen
Theile des menschlichen Körpers, indem es
durch dessen ätherischen Mineralgeist und seiner stärkenden Eisenkraft, den schlaffen Fasern
und Gefässen ihre Schnellkraft wiedergiebet,
und Vermöge seiner Salzsäure, Schwefel,
Bittersalz und Salmiak, die diken stoken-
den Säfte und Blut auflöset, flüßig und
zur Ausleerung geschikt machet. Es ist dahero ganz natürlich, daß dieses Wasser
nach diesem seinem innerm Gehalt

A. In äuserlichen Krankheiten.

§. 1.

„In Schwachheit, Müd - und
Mattigkeit des ganzen Körpers und
besonders in schwachem Gehör, Gedächtniß, Schwindel, Steifigkeit der Flechsen,
Lähmung der Glieder, Kontrakturen ꝛc.

„seine besondere Wirkung erweise, die
meistentheils von Uiberfluß stokender Säfte,
Schleim und Unrath, und von Anhäu-
fung des Blutes gegen den Kopf, entstan-
den sind. Da denn dieses Wasser inn- und äus-
serlich gebrauchet, den diken Schleim auf-

F 2 löset

löſet in freien Umlauf bringet, die davon
zu ſehr ausgedehnten Gefäße und Faſern
wieder zuſammen ziehet, das Blut unter
ſich leitet, daß ſich die Würkung davon
ganz augenſcheinlich bald zeiget und jeder Kur-
gaſt ſich merklich leichter fühlet, alle ſeine
Gliedmaſſen beweglicher und zu einer anhaltenden Bewegung viel aushaltender worden ſind; zu geſchweigen, daß die Sin-
ne, das Gehör, die Augen und Gedächtniß
dadurch geſtärket, und die Glieder brauchbar gemacht worden ſind.

§. 2.

„In Gliederreiſſen, Gicht und Flüſſen,
„zeichnet ſich die Wirkung dieſes Waſſers ganz beſonders aus. Es mag eine Per-
ſon von der lauffenden Gicht, vom Podagra, Hüft- und Kreuzſchmerzen, Zahn-
und Ohrenwehe, oder von dergleichen her-
umziehenden Flüſſen geplagt werden und Ge-
ſchwollene Schenkel davon haben, ſo kann
ſie auf die gewiſſeſte Hülfe dieſes Waſſers
ſichere Rechnung machen, wenn dieſes Waſſer auch nicht innerlich zugleich, ſondern nur
äuſſerlich zum Baden auch präſervative gebraucht wird, um von dieſer Plage, wo
nicht gänzlich, doch wenigſtens auf einige
Jahre davon befreiet zu werden.

§. 3.

§. 3.

„In ofnen Schäden, Geschwüren der Beine und Schenkel

„hat es besonders gute Würkung erwiesen und durch seinen Gebrauch nicht nur die alten Wunden gereiniget, sondern auch um so eher völlig geheilet, wenn die braune Ocher an dem innern Rand des Quellbrunnens fleißig nach geendigtem Baden, auf die Geschwiere geleget worden ist.

§. 4.

„In langwierigen Augen-Entzündungen und Kopfweh

„hat dieses Wasser nicht nur innerlich, sondern auch durch dessen äusserlichen Gebrauch an der Quelle mit fleißigem Waschen desselben, der Augen, wie nicht weniger mit Uiberlegung der Ocher, vielfältig geholfen und den Kopfweh mit Einschlürfen dieses geistischen Wassers in die Nase an der Quelle begegnet, wenn dieses Wasser zugleich innerlich gebraucht worden ist.

§. 5.

„In Hautausschlägen.

F 3

Wie

„Wie dieses Waſſer überhaupt al=
ler Schärfe und Fäulniß der Säfte begeg=
net, ſo wird es gegen die in die Oberflä=
che des Körpers gezogene Schärfe ſeine gu=
te Würkung zeigen

„a) Im ſcorbutiſchen Frieſel, wozu öfters
Perſonen von Jugend auf geneigt ſind,
daß ſobald ihnen eine Unpäßlichkeit zu=
ſtöſſet ſogleich ein Frieſel=Ausſchlag ver=
borgen iſt, der mit Schweiß befördern=
den Mitteln ſichtbar wird. Wenn aber
dieſes Waſſer Vorbauungs weiſe
mit Vorſicht gebraucht wird, ſo wird
dieſe Frieſelſchärfe durch die Uringänge
abgeführet und dergleichen beſchwerli=
cher Ausſchlag nicht mehr zum Vor=
ſchein kommen, wenn zumalen der=
gleichen Kur etliche Jahre nach einan=
der widerhohlet wird.

„b. In der Kräze. Es mag die magere
oder fette ſeyn, wird dieſes Waſſer
durch deſſen inn = und äuſerlichen Ge=
brauch ſich auszeichnen, daß ſolche ſi=
cher gehoben wird.

„B. In innerlichen Krankheiten.
§ 1:
„In Wechſel = und angehenden Schleich=
Fiebern
hat

hat dieses Waſſer ſchon vor alten Zeiten ſich
einen guten Ruf erworben; indem es die
Fieber Materie nicht nur in erſten Wegen, ſondern auch im Blut und Säften
bezwinget, ſo daß kein Rezitiv, wie auf
den Gebrauch anderer Mittel erfolget; zu-
mahlen wenn mit dem innerlichen Gebrauch
die Bäder lauwarm verbunden werden,
wozu die Anordnung eines geſchikten Arztes
unumgänglich nöthig iſt, wenn die gewünſch-
te Würkung ſoll erwartet werden.

§. 2.

„In langwierigen Katarrhen, Huſten, und
Engbrüſtigkeit

„leiſtet dieſes Waſſer, theils mit,
theils ohne Milch und Schotten (Molken)
kurmäſig, nach iedes Patienten eigener Beſchaffenheit getrunken und nach einigen
Tagen auch darinnen gebadet ſehr gute Würkung. Davon die Art des Gebrauches einen
ordentlichen Arzt, der des Waſſers kundig
iſt, überlaſſen wird. Da denn nach einem
ſtarken Auswurf von verlegenen Schleim und
geſammleten Unrath, die Bruſt frei wird,
der Huſten nachläſſet und der ſchwere Othen
verſchwindet.

§. 3.

„In der Hypochondrie, hyſteriſchen
Beſchwerungen, Verſtopfung und
geringen Abgang der monatlichen
Reinigung Bleichſucht

„erweiſet dieſes Waſſer ſeine beſondern
Kräfte; indem es die ſchwachen Eingeweide, Magen und Gedärme ſtärket, die
Verſtopfung der Leber und des Milzes he-
bet, folglich eine leichte Verdauung, Be-
reitung eines guten Nahrung-Saftes, ſtatt
Schleim und Unrath bewirket, folglich auch
Krämpfe, Blähungen, Schwindel, die
ſogenannte Vapeurs, Mutterbeſchwerungen,
Kopfweh, Herzklopfen, Nervenſchwäche ꝛc.
vertreibet. Durch ſeine auflöſende und ſtärkende Eigenſchaft, ſtellet es den unordent-
lichen Umlauf des Blutes durch die Pfort-
Ader und in den Gefäßen des Unterleibes
wieder her, und hindert die goldnen Ader
Beſchwerungen, wenn es ſowohl inn - als
äuſſerlich mit der gehörigen Vorſicht angewendet wird. In der Bleichſucht, in der
geringen oder verſtopften monathlichen Reinigung, wird dieſes Waſſer innerlich mit zu-
geſezten auflöſenden Mitteln und äuſſerlich mit
lauwarmem Bade gebraucht und damit auch
während den Perioden fortgefahren.

§. 4.

§. 4.

„Im Leibweh von Unreinigkeiten der!er.
ſten Wege und von dem Blut der
goldnen Ader.

„Je wirkſamer dieſes Geſundwaſſer in
Ausreinigung des Magens und der Gedärme pur, oder mit Zuſezung verſtärkter ab-
leitender Mittel iſt, deſto mehr hindert es
den Zufluß und das Verweilen verſchiede-
ner Schärfe von Galle, Säure, Schleim und
Blähungen in den Gedärmen, welche Koliken
verurſachen. Es wird aber auch durch ſeine
ſtärkende Kraft und Gebrauch der Bäder, vor
den Rükfall dergleichen Schmerzen, in den
Gedärmen ſichern, wenn zumahl die dabei
erforderliche Diät beobachtet und alles vermieden wird, was dergleichen Schärfe und
Unreinigkeit von neuem erzeugen kann. Nicht
weniger wird dieſes Waſſer auch in der
Blut und goldnen Ader-Kolik, beſonders
durch das warme Bad deſſelben auch nach
angelegten Blutegeln ſich nüzlich erweiſen.

§. 5.

„In allzuſtarken Abgang der monathlichen Reinigung und goldnen Ader-
fluſſes

F 5   wird

„wird dieses Waſſer innerlich und
äuſſerlich mit groſem Nuzen gebrauchet. Zum
Baden anfangs lauwarm, ſo fort aber immer kälter. Dabei wenig Bewegung des
Leibes, ſondern Gemüths und Leibes Ruhe,
das Liegen auf dem Rücken, ſtatt finden.
Auch auſſer dem Baden kan des Nachts
hindurch, vermittelſt eines in dieſes kalte Waſſer eingeweichten Schwammens oder Tuches
auf den Schoos geleget; auch in die Mut-
ter eingeſprizet werden.

§. 6.

„Im Blutbrechen

„wird dieſes Waſſer langſam überſchla-
gen getrunken, die gemachte Oefnung in
den Adern welche den Magen umgeben, nicht
nur durch ſeine zammenziehende und ſtärkende Kraft wieder heilen, ſondern auch ver-
hindern, daß das Blut nicht auf die Zukunft ſich um den Magen anhäuffe, ſondern vertheile, und daß dergleichen wiedernatür-
liche Ausleerungen nicht wiederholen.

§. 7.

„In der Gelbſucht

„werden die verſchlaften Gallengänge
nicht nur durch dieſes Waſſer geſtärket, ſon-

dern

dern auch die in der Leber befindliche Verstopfung durch den inn- und äuferlichen Gebrauch deffelben nach und nach gehoben und
für den Rükfall gesichert, wenn zumal gleich
anfangs gelind eröfnende Mittel damit verbunden werden.

§. 4.

„In Sand- Grieß- und Steinbeschwe-
runngen

„hat sich dieses mineralische Waffer vielfältig wirkfam erwiefen, da es Stein, Sand,
Grieß und Schleim durch die Uringänge, auf
welche es ganz befonders würket, ausführ-
ret, das schmerzhafte Verhalten des Urins
gehoben und wenn der Blafen Hals zu
schwach worden, den Urin zu halten, die-
fen kräftig geftärket, daß der unwillführli-
che Abfluß deffelben fogleich aufgehöret hat.
Gleiche Würkung erweifet es durch feinen
inn- und äufferlichen Gebrauch in dem un-
ordentlichen goldnen Aderfluß, es mag der
blutige oder schleimigte, durch die Urinbla-
fe fein.

§. 9.

„In angehender Wind und Waffer-
sucht

hat

„hat dieſes Waſſer viele gute Dienſte geleiſtet, wenn nach Beſchaffenheit des Kranken, mehrere eröfnende Salze den innerlichen Gebrauch dieſes Waſſers unterſtüzet haben.

§. 10.

„In unwillkührlichen nächtlichen Saamenabgang und weiblichen weiſen Fluß.

„In beiden Fällen wird das Baden mit dieſem Waſſer anfangs warm, nachmals immer kälter und endlich ganz kalt von beſtem Nuzen ſeyn; wenn es zugleich auch innerlich kurmäßig gebraucht wird. Es wird ſich auch nur deſto wirkſamer erweiſen, wenn vermittelſt eines Schwammes oder doppelten zuſammen gelegten Tuches über die Geburths Theile beſonders des Nachts hindurch dieſes Waſſer angebracht und geleget wird.

§. 11.

In Würmern

„erweiſet dieſes Waſſer nicht weniger ſeine Würkung durch deſſen innerlichen anhaltenden Gebrauch, daß faſt iede Gattung derſelben mit ihren Geſäme entweder auf einmahl, oder nur nach und nach ausgetrieben wird.

§. 12.

§. 12.

„Im Anwachſen, Darrſucht oder Herz-
geſpann und engliſchen Krankheiten
der Kinder.

„Wie dieſes Waſſer durch ſeine eröfnende ſtärkende Kraft, und allen Verſtopfungen der Eingeweide begegnet, ſo hat es
Kindern, die anfangs große Leiber, ſtarken
Hunger, Neigung zum trokenen Brod und
Gebakenen haben, in der Folge aber auch
um die Knöchel der Hände und Füſſe Er-
habenheiten und Schwäche der Glieder bekommen, durch deſſen inn- und äuſſer-
lichen Gebrauch, nach dem Verhältniß zu des
Kindes Alter, vortrefliche Dienſte geleiſtet,
und in etlichen Wochen von der ganzen
Krankheit frey gemachet.

§. 13.

„In verlohrnen Kräften nach ſchweren
Geburthen, öftern frühzeitigen Entbin-
dungen und nach langwierigen Krankheiten.

„Dieſe nicht nur wieder zu erſezen, ſondern auch die geſchwächte Natur wieder dauerhaft zu machen, iſt der Nuzen dieſes Waſſers ſehr groß und kan dahero nach Beſchaf-
fen-

fenheit der Person so wohl innerlich getrunken, als äuserlich damit gebadet werden. So
wird es sich auch durch seine stärkende Kraft,
nach langwierigen überstandenen Krankheiten,
nach einem Beinbruch, nach einem langen
Krankenlager eines Faulfiebers und der Ruhr,
um die durch diese Krankheit geschwäch-
ten Gedärme zu stärken, viel Lob verdienen,
wenn der durch den ganzen Körper geschwächte Mensch, nach geendigter Kur, gleichsam neu-
gebohren und gestärkt vom Bade zurük-
kommt.

„Alle Würkung dieses guten und heil-
samen Wassers mit vielen Beispielen zu beweisen, wird die Zukunft Gelegenheit geben,
solche dem Publiko bekannt zu machen.

II. Art und Weise das minerali-
sche Stebner Wasser zu gebrauchen.

Vorbereitung.

„Um sich zu einer solchen Gesundbrun-
nenkur geschikt zu machen, wird erfordert,
daß solche im Frühling und Sommer an diesem Orte, der sehr hoch und gesund lieget,
nicht aber im Herbst, wo die Luft in dieser
Gegend schon rauh wird, gebrauchet werde.
Daß nach Beschaffenheit der Umstände und
Be-

Beschwehrung des Patienten, die gröbste Unreinigkeit vorhero, entweder noch zu Haußе, oder an dem Brunnenort mit Laxier oder Brechmitteln ausgeführet und die etwan sonst gewöhnliche oder nöthige Aderlaß vorgenom„men werde.

„Noch zu Haußе bringet man vor der Abreise alles Nöthige, was iedes Amt und Verrichtungen mit sich bringet, in bester Ordnung, damit man ruhig und ohne Sorge die Reise antreten, und mit völliger Zufriedenheit und Gemüthsruhe, die Kur gebrauchen könne.

„Wenn dieses geschehen und die Reise zurükgeleget worden ist, pfleget man, bevor man die Brunnen Kur selbst anfängt, einen Tag auszuruhen, um sich von der ermüdeten Bewegung zu erhohlen.

Cautelen des Gebrauchs.

„Wie es aber überhaupt schwehr ist, allgemeine Regeln, wie dieses Wasser in ieder Krankeit besonders zu gebrauchen, anzugeben, so ist es fast unmöglich, wenn man nicht ein weitläuftiges Buch schreiben will, die Curart nach iedes Brauchenden Alter, Geschlecht, Natur und Beschaffenheit mit der
Dau=

Dauer der Krankheit zu bestimmen. Es
wird also nöthig seyn, daß ieder angekommene Kurgast von seinem Arzt eine deutliche
Beschreibung seiner Beschwehrung und der
darüber gebrauchten Mittel, dem Brunnenarzt mitbringe, oder im Stande sey, diesem
mündlich seine Umstände zu erzählen, oder
vorhero Nachricht von dem Brunnenarzt ein-
ziehe, ob auch dieses mineralische Wasser seiner Gesundheit zuträglich, bevor er die Reise dahin, vielleicht vergeblich, unternimmt.

„Ist ein Brunnenarzt an Ort und
Stelle, so wird der Angekommene gar leicht
von ihm erfahren, wenn er die Kur anfan-
gen und wie und in welcher Ordnung er sie
gebrauchen solle. Wenn aber kein Arzt vor-
handen, so muß er sich von einem andern
des Wassers Kundigen hinlänglich unterrich-
ten lassen, um weder in dem Gebrauch, noch
in der Diät und Verhalten, einen Fehler zu
begehen.

„Vor allem sorget er vor ein anständiges und gesundes Quartier, worinnen er alle Bequemlichkeit nebst den gehörigen Geräth-
schaften zum Trinken und Baden findet.
Sezet mit dem Speisewirth die schiklichen
Arten von Speisen nebst dem Preiß auf Mittag und Abends mit dem Frühstüke und Ge-
tränk-

tränke feste. Erkundiget sich nach den angekommenen Kurgästen, lässet sie begrüssen, um während der Kur ihren Umgang zu geniesen, der in Bädern ganz frei und ohne allen Zwang seyn muß. So dann wenn er seine Besuche gemacht hat, machet er den

Anfang der Kur, nach seiner innerlichen Gebrauchsart.

„In der oben gemachten Beschreibung, in welchen Krankheiten dieses heilsame Wasser in und äuserlich zu gebrauchen, sind schon oben hin und wieder verschiedentlich die Ge„brauchsarten angegeben worden.

„Nach dieses Wassers oben beschriebenen Bestandtheilen, würket er mehr durch den Urin und Ausdünstung als den Stuhlgang, ob es gleich Personen giebet, bei denen es öfters Stühle bewürket; die Ausdünstung aber „insgemein zurükbleibet.

„Man fänget dann des Morgens ganz frühe an, dieses Wasser an der Quelle zu trinken mit einem gewöhnlichen Trinkglaß, von einer 4tel Kanne, oder Maaß, gehet bei diesem Brunnenplaz auf und ab, trinket nach einer viertel Stunde und so fort, auch in einem kürzerm Zeitraum wieder ein Glaß,

G   bis

bis man 4. oder 5. Gläser ausgetrunken hat,
da man denn den ersten Tag damit aufhöret.
Die es nicht ganz kalt von der Quelle her
vertragen können, laſſen es Abends vorher
in einem ſteinernen Krug hohlen, in der Stu=
ben ſtehn und trinken es den andern Mor=
gen. Wird man während dem Trinken
vom Aufſtoſſen des Magens und Blähungen
geplaget, ſo kan man zwiſchen dem Trinken
Koriander, Kubeben, Citronat, überzogenen
Kalmuß, Pfeffermünz Schäuflichen ꝛc. kauen.
Nach dem Trinken machet man ſich eine mäſige
Leibesbewegung in der freien Luft, und wenn
man wieder in ſeine mit friſcher Luft durchzoge=
ne Wohnung gekommen iſt, trinket man nach
Belieben, nach Verlauf einer halben oder gan=
zen Stunde, wenn das getrunkene Waſſer
ſchon wieder abgegangen iſt, etliche Taſſen Cof=
fee oder Chocolate, oder genieſet eine kräftige
Fleiſch oder Hühnerſuppe mit Semmeln.
Bewirket dieſes Waſſer in der Folge Leibes=
verſtopfung, ſo werden vor dem Schlafenlie=
gen faſt täglich, oder einen Abend um den an=
dern, entweder einige Taſſen Tamarindentrank
mit Manna oder Sennetblätter Thee, oder
ein Eßlöffel voll Weinſtein Rahm, oder ei=
nige hälliſche Obſtructionspillen, oder ein ein=
faches Kliſtier von gekochter Kleie oder Säu=
erling lau warm genommen, oder 2 Quent
Sal=

Salpeter mit ¼ Maaß heissen Wasser, oder
Fleischbrühe aufgelöst und mit einem Speise-
löffel Baum Oel vermengt, lau warm gebrauchet, den Leib offen erhalten.

Man kan aber auch, um zugleich Ab-
führung durch den Stuhl zu bewirken, 1.
oder 2 Loth Glauber, oder Friedrichs oder
Bittersalz in dem ersten Glaß Sauerbrunnen trinken.

„Des andern Tages und die folgenden
Tage kan noch ein Glas mehr oder weniger
von diesem Gesundbrunnen an der Quelle getrunken werden, ie nachdem der Magen es
verträget, und des Tags über kein Aufstos-
sen, Dämmen und Aufblähen des Unterleibes erfolget, welches wohl zu unterscheiden,
ob es von der Verstopfung entstehet, oder
eine Würkung des Wassers ist, da man denn
bei dieser Quantität Wasser bleibet und nach
Beschaffenheit der Umstände 14 Tage bis 3
oder 4. Wochen mit dessen Gebrauch anhält.
Sind aber die Umstände des Kurbrauchen-
den so beschaffen, daß er das pure Wasser
nicht alleine, sondern mit Milch oder Schotten (Molken) trinken muß, so werden zu der
zu bestimmenden Portion Wassers, verhält-
nißmäsig so viel abgesottene Milch oder Schotten heiß gegossen, daß es ein Milch laues

seifenartiges Waſſer ausmacht, das ebenfals
Gläſer weis nach und nach getrunken wird.

„Es können ſich aber auch Perſonen
finden, welchen der innerliche Gebrauch dieſes Brunnens nicht zuträglich iſt, dieſe können nach den Rathgebungen ihres Arztes,
entweder nur etliche Flaſchen Seidſchizer
Bitterwaſſer, oder Egeriſches, Perimon-
der, Spa, oder Selſer Waſſer mit oder
ohne Milch und Molken trinken, und dabei in dem Stebner Waſſer baden.

„Nach iedesmaligem Abtrinken eines dieſer Waſſer, können ebenfalls etliche Taſſen Coffee, Chocolate oder Bouillon genoſſen
werden, und wenn das Waſſer paſſiret iſt, eine
mäſige Bewegung in der freien Luft gemacht
werden. Dieſe Bewegung fällt nun bei übelm
kaltem Regenwetter weg und man iſt genö-
thiget, ſich in der Stube, die öfters mit
friſcher Luft erfüllet worden, ſo viel Bewegung, als möglich zu machen. Damit nun
aber der Magen deſto beſſer verdaue, ſo
werden nichts, als leicht verdauliche kurmäſi-
ge Speiſen Mittags ganz mäßig, und Abends
meiſtens nur eine Suppe, mit etwas Ein-
gemachtem, oder einer lokern Mehl oder Milch-
ſpeiſe, oder etwas Gebratem zeitlich gegen
7. halb 8. Uhr gegeſſen, um einen deſto er-
qui-

quikendern Schlaf zu geniesen (Fische und Krebse, die durch das mineralische Wasser verhärtet werden, werden weggelassen.) Entweder nur vor, oder auch wohl nach ieder Mahlzeit, wird ein anständiges magenstärkendes, nicht spirituöses, sondern erwärmendes, bitteres, seifenartiges Elixir genommen, bei Tische aber kann entweder eben dieses Wasser, oder das Höller oder Langenauer mit etwas gutem Rhein- oder Frankenwein, oder Stebener oder Lichtenberger Bier getrunken werden. Nach ieder Mahlzeit vermeidet man den Schlaf und trinket nach Mittag etliche Tassen Coffee, und richtet bey schönem Wetter die Leibesbewegung so ein, daß sie eine Stunde vor ieder Mahlzeit geschehe. Nur vermeidet man die kühle Abendluft sorgfältig, leget sich um 10 Uhr nieder, um mit Erquikung des andern Morgens zeitlich aufzustehen und den angefangenen Brunnen fortzusezen.

„Wem es unmöglich fällt, eine alte Gewohnheit, das Tobakrauchen ganz zu unterlassen, der rauche früh Morgens zum Coffe oder vor dem Schlafenlegen eine Pfeife zu einem Glaß Bier.

„Kommen manchesmal kalte Tage, daß man glaubt, das Einheizen der Stu-

G 3   be

be nöthig zu haben, so unterläſſet man es
doch und verwahret ſich nur lieber mit war-
mer Kleidung wider die Kälte.

„Wie iede heftige Gemüths und Leibes-
Bewegung bei dieſer und ieder Brunen-
kur ſchädlich iſt, ſo wird Zorn, Alteration
Sorge, Beyſchlaf, vieles erhizende Tanzen
und was das Blut in zu ſtarke Wallung
bringet, ſorgfältig vermieden, und nur darauf Bedacht genommen, ſich auf eine an-
genehme Art zu zerſtreuen und ſich den Aufenthalt durch Leutſeligkeit und zuvorkommen-
de Höflichkeit, mit freundſchaftlichem gefälli-
gem Betragen im Umgang mit andern Brunnen Gäſten, während der Kur, ſo angenehm, als möglich zu machen.

Nach ſeiner äuſerlichen Gebrauchs Art.

„Bis hieher iſt von den Erforderniſſen bey
dem innerlichen Gebrauch dieſes Geſundbrunnens gehandelt worden. Nun muß auch
noch von dem äuſerlichen Gebrauch durch
das Baden, was noch nöthig iſt, beygefüget
werden. Es wird faſt keine von den oben
beſchriebenen Krankheiten ſein, wo nicht
das Bad, entweder ganz kalt, oder am meiſten lauwarm, nach dem Trinken mit dem gröſten

ften Nuzen gebraucht werden kan. Insgemein lässet man die Würkung vom Trinken
des Wassers vorbeigehen, bevor man sich
badet, sodann kann man entweder Vor-
mittags um 10 Uhr und Nachmittags um
5 Uhr, oder nur ein mal des Tags, nachdem es die Beschwerung erfordert, auch
nur einmal Nachmittages, baden. Anfäng-
lich wird es nur milchlauwarm, ¼ Stunde lang, nach und nach aber eine halbe oder ¾
Stunden lang gebrauchet; Sodann aber
kann es in der Folge, immer kälter, oder auch
wohl überein, nur aber niemals zu warm,
sondern gleich temperirtwarm genommen werden, ie nachdem die Umstände solches er-
fordern. Es sind aber auch in Lähmungen,
im Zusammenziehen und in Steifigkeit der
Flechsen, Bähungen, Umschläge rc. von
diesem Wasser, auch Tropfbäder von grosser
Wirkung, welche ein geschikter Arzt dirigi-
ret und deren Gebrauch angiebet.

„Nach dem äuserlichen Gebrauch dieses
Wassers und nach iedem geendigtem Baden
geschehener Abtroknung, gewechselter Wäsche
und Umkleidung, suchet man sich bei schönem
Wetter in der freien Luft, ohne sich einen
Zugwind iemahls auszusezen, eine mäsige Bewegung zu machen und wegen der darauf
folgenden Ausdünstung, nach der Zurükkunft,
wenn es nöthig ist, nochmalen ein Hemde

G 4   zu

zu wechseln. Hindert aber das naß kalte Wetter das Ausgehen, so leget man sich nach geendigtem Baden ruhig aufs Bette, um die zu erfolgende Ausdünstung abzuwarten und darauf vielleicht, wenn es nöthig, nochmalen ein trokcnes Hemde anzuziehen.

„Robuste, starke Personen, können wohl warm angekleidet, sich auch in naßkalter Luft Bewegung machen.

„Die grosse Sonnenhize so wohl, als die kalte Luft, sind nach dem Baden zu meiden, um das in Wallung gebrachte Blut nicht mehr zu erhizen, oder die geöfneten Schweißlöcher nicht zu schnell zu verschliessen, welches beides schädlich ist; aber auch durch warme Bekleidung verhindert werden kan.

„Da sich überhaupt, wie schon oben angezeigt worden, keine allgemeinen Regeln, wie viel, und wie lange das Wasser zu trinken, wie oft und wie lange, wie warm oder wie kalt gebadet werden soll, bei ieder Krankheit, angegeben werden können, so wird ein vernünftiger und geübter Arzt, auf iede vorkommende Fälle die besten Rachgebungen ertheilen, und allenfals die bewährtesten Arzeneien rathen können, damit ieder Kranke seinen Zwek erreiche, gesund und zufrieden diese

se Cur zu beschliessen, und zur Freude der
Seinigen wohlbehalten nach Hauße zurük zu
kehren; wo er dann nach geschehener Nach-
haußkunft sich vor vieler Anstrengung mit
Arbeit hütet, und noch ein oder zwei Wochen im Essen und Trinken sehr mäsig wie
während der Kur lebet, um nicht die Folgen
der Diätsfehler auf die gebrauchte Brunnen-
kur zu schieben und dadurch das heilsame
Wasser verdächtig zu machen, oder in üblen
Ruf zu bringen. Arme und Dürftige, die dieses
Gesundwasser, nicht um durch verstelte Krankheiten Mitleiden zu erregen, und vieles All-
mosen zu erlangen, gebrauchen wollen, müssen nach ihrer Ankunft ebenfals ausruhen,
die ersten Wege nicht durch heftige Purgier-
mittel, sondern durch leicht würkende Laxati-
ve ausreinigen lassen, und die ganze Kur in
und äuserlich so sorgfältig als die Wohlha-
benden gebrauchen. Weil aber die Dürf-
tigkeit verbiethet, gleich jenen wohlzugerichte-
te theure Speisen zu geniesen, so müssen sie
mit Vermeidung roher Speisen, als Käße,
schwehres schwarzes Brod, schliefigte Klöse,
dike Muse und rohe Gemüßer, mit Sup-
pen, einer leichtem Mehlspeise, Semmelbraten
und etwas Fleisch und Gemüße sich unterhalten, und in übrigen in allem nach obiger
Verordnung sich richten.,,

G 5   Da

Da ich selbst einige Krüge Stebner Waſſer hieher brachte, ſo war ich auf das Reſultat der Verſuche die damit in der Entfernung gemachet werden konnten, begierig, und trug dem hieſigen Herrn Apotheker Fiſcher die Unterſuchung auf, welche folgendermaſſen ausfiel.

„Die den 7 und 29 September 1787 erhaltene Krüge mit Stebener Sauerbrunnen, enthielten, der erſte 42 Unzen oder 84 Loth Medicin Gewicht, und es ergab ſich bey den gemachten Verſuchen folgendes.

„1) eine meßinge Waage in ein Trinkglaß dieſes Waſſer gelaſſen, konnte nicht eher, als bis alle die vielen Luftbläſigen, durch öfteres Bewegen über ſich wegtrieben waren, zum Sinken gebracht werden. Wo ſodann dieſes Waſſer 9 Grad.
das Brunnenwaſſer 10$\frac{1}{4}$ Grad. } gehalten
das Saalwaſſer 10$\frac{1}{4}$ Grad. }

„2) Einen feinen pollirten Stahl darein gelegt und 14 Tage darinnen liegen laſſen, ingleichen

„3) flüchtigen Salmiak Geiſt darzu getröpfelt, war nicht die mindeſte Spuhr
eines

eines kupferichten Wesens zu entdeken, hierin sezte sich nach einigen Stunden, ein weiser Niederschlag.

„4) Auf einen Abſud von blauen Bräſil-ſpähnen getröpfelt, der purpurroth war, änderte es augenbliflich in dun-kelblau.

„5) Auf Galläpfel Abſud (durch Löſchpa-pier filteriret) wurde ſogleich dunkelroth, und nach 2 Stunden gab es einen dun-kelrothen Saz, das obere Waſſer war gelblicht.

„6) Mit etlichen Tropfen Vitriol, Sal-peter und Salz-Spiritus ein merkliches Aufbrauſen.

„7) Violen Saft dazu getröpfelt, bekam es nach etlichen Minuten auf der Oberflä-che einige Grüne die nach und nach dun-kel grün worden.

„8) Arumpigmentum mit Weinſteinſalz in einem Schmelztiegel geſchmolzen, in Keller fließen laſſen, von dieſen etliche Tropfen darzu gemiſcht, wurde ſchwärz-lich, mit einem faulen Eyer Geruch,

der

der ohnfehlbar von den aufgelösten schwe-
flichten Theilen entsteht.

„9) Zu einem starken Chinæ Rinden Auf-
guß, wurde merklich dunkler.

„10) In eine Lauge von Spießglaß,
nachdem der Kermes sich schon daraus
niedergeschlagen, und filteriret worden,
etliche Tropfen fallen lassen, wurde
schwärzlich und gab endlich einen Orange
farbenen Niederschlag; ein Anzeigen,
daß der Brunnen vitriolischer Art sei,
und vergoldete das Glas, als mit dem
feinsten Golde, welches nachfolgende Probe Nummer 13 nicht thut.

„11) Zu verdünnten Blei Eßig gegossen, giebt
viel des feinsten weißen Niederschlags wie
Milch.

Nach diesen Versuchen, sezte ich
die 2te Flasche oder Krug 80. Medicin Loth haltend, in einen Kolben,
mit einem Helm versehen, destillirte 48
Loth herüber, es würkte aber nicht
anders, als gemeines destillirtes Wa's-
ser, dahero zu schließen, daß keine Salz-
oder Schwefeltheile herübergehen.

Den

„Den Rest im Kolben nahm ich aus, und dampfte es im Sandbad bis auf 8 Loth ab, goß es durch Fließpapier, und erhielt in demselben 9 Gran schwerer Ocher und Kalch oder Thonerde, es würde mehr gegeben haben, wenn sich nicht so viel an die Krüge legte. Das filterirte Wasser habe wieder von neuem, bis auf 2 Loth ganz gelinde abgedämpft, wieder durch Fließpapier laufen lassen, blieb diesesmal getroknet 3 Gran ganz weise Erde zurük, noch einmal wiederhohlet, bleib bis auf 1 Loth und ¼ Gran Erde zurük.

„12) Von diesem Liquore einen Tropfen ausgetroknet unter ein gutes Mikroscopium geschoben, zeigten sich dort und da würflichte Kristallen, das übrige war eine durchsichtige Salz Masse.

„13) Davon in eine verdünnte Antimonial Lauge getröpfelt, gab einen dunkelrothen Niederschlag, ohne das Glas zu vergolden.

„Ohnfehlbar ist dieses Wasser bei trokner Zeit, weil viele starke Quellen ganz vertroknet, stärker und würksamer, als bei lang anhaltender Regen-oder Frühjahrs Zeit, wenn sich vieles Schnee Wasser mit dem mineralischen vermischet.„

So

Solten nun wohl die alten und neuen
übereinstimmenden Zeugniſſe ſo vieler in
und ausländiſcher Aerzte, die ſo mühſam —
zum Theil an Ort und Stelle angeſtelten
Verſuche verdächtig ſeyn? Beweiſen ſie nicht
vielmehr die Vortreflichkeit unſrer mineraliſchen Waſſer? Brauchen ſie wohl ein anderes Lob, eine beſſere Empfehlung?

Schlüßlich komme ich zu den nöthigſten
Verbeſſerungsanſtalten des Bades und des
Sauerbrunnes.

Das erſte und vorzüglichſte iſt wohl
der Zugang und die Wege zu dem Orte
Steben ſelbſt. Die Straſſe von Hof dahin
müſte durchaus hergeſtelt werden; denn ob
gleich nicht eine einzige gefährliche oder ganz
unwegſame Stelle anzutreffen iſt, ſo braucht
doch der ganze Weg eine Hauptreparatur,
die nicht ſonderlich koſtbar ſeyn könnte, wie
ich ſchon oben gezeiget habe. Hier in Hof
concentriren ſich alle Straſen aus Sachſen
und aus dem Baireuthiſchen; wenn alſo dieſe gemachet wäre; ſo wäre dem gröſten Uebel
abgeholfen. Alsdenn müſten die Einwohner
in Steben ſelbſt darauf bedacht ſeyn, die
Plätze vor ihren Häuſern eben und reinlich
zu machen. Beim Brunnen könnte man
mit mäſigen Koſten ein Badehaus errichten,
unten könnte der Brunnenmeiſter wohnen und
oben

oben ein geräumlicher Saal für die Kurgäſte erbauet werden und der Brunnenmeiſter die Aufſicht auf die Reinlichkeit des Brunnens haben. Der Brunnen ſelbſt müſte ein Geländer von Sandſteinen bekommen und ohne Dach bleiben, damit die Sonnenſtrahlen ihre Würkung darauf thun könnten.

Von dem Dorf zum Brunnen oder Badehaus, wäre ein Weg, wenigſtens 24 Schuh breit und 300 Schrittelang über die Wieſe und Gemeinhut anzulegen und den Unterthanen der Schaden zu vergüten.

Wenn der Wildmeiſter Och einen Plaz zu einer Stallung erhielte und einige Vergütung um ein geräumiges Zimmer anzubringen, auf welchem ſeine Gäſte ſpeiſen könnten, ſo hätte ſein Haus alle mögliche Bequemlichkeiten.

Zimmer, Cammern, Betten, Stall, Remiſen, Brod, Bier und Fleiſch, Heu, Haber, Bäder ꝛc. müſten billig taxiret werden und die Policei, Sorge tragen, daß alles immer friſch und in hinlänglicher Menge da wäre, deswegen die Anzahl der Beken und Mezger nicht einzuſchränken — oder es wenigſtens ſo einzurichten wäre, daß von Lichtenberg aus, täglich alles herbeigeſchaffet werden könte.

Alle Victualienhändler wie ſie Namen haben mögen, müſten währender Badezeit, als

im

im Monat Juni, Juli, August und September, von allen Abgaben befreiet feil halten dürfen.

Kein Bettler — von was für Sorte er auch sei, müste im Dorfe gedultet werden; hingegen könte monatlich eine kleine Collecte bei den Badegästen gesammlet werden, dazu vermuthlich ein ieder mit Freuden beitragen wird.

Zur Sicherheit des Orts würde hinlänglich seyn, ein kleines Wachthaus in der Mitte des Dorfes zu errichten, welches mit 1 Unterofficier und 8 Mann von der Vestung Plaßenburg während der Badezeit besezet werden könnte.

Die Gastwirthe müßen kein ausschließendes Recht haben, und eben so wenig müste man die Speisen tariren. Ich habe beobachtet, daß — bei einer Taxe, so viel Prellereien anzubringen sind, daß man weit besser fähret, wenn man überhaupt dinget.

Sollte sich die Anzahl der Kurgäste mit der Zeit vermehren, so würden kleine Baubegnadigungen oder gewisse Steuerfreie Jahre die Unterthanen von selbst ermuntern, mehrere, größere und bequemere Wohnungen einzurichten. Größere und kostbare Anstalten, halte ich vor der Hand für überflüßig; das Nüzliche und Nöthige kömmt niemals zu frühe, der überflüßige und Pracht Aufwand, niemals zn späte. Mit 5 bis 6000 Rthl. wäre viel auszurichten! ! !